陈 瑜 教授

因创立消费资本论而荣获"2005年度中国十大财智英才奖",被称为"消费资本之父";因提出创新的经济发展方式,而先后荣获"中国最高策划奖——感动中国十大策划创新人物奖""中国当代思想成就奖""世界杰出华人成就奖",并被评为"世界杰出华人"。

2018消费养老创新模式高峰论坛主席台合影

陈瑜教授出席"第三届消费养老创新模式高峰论坛
暨第三支柱个人消费养老金规范管理计划实施"并讲话

陈瑜教授和各位领导的合影

陈瑜教授和出席会议的专家合影

陈瑜教授出席第三支柱个人消费养老金
规范管理计划新闻发布会并讲话

陈瑜教授出席第三支柱个人消费养老金
规范管理计划新闻发布会

陈瑜教授出席首届女科学家与女企业家
高峰论坛并讲话

陈瑜教授出席庆祝联合国千年发展目标
十周年暨首届世界城市科学发展论坛并讲话

陈瑜教授出席全球首届知识资本
高峰论坛并致开幕词

陈瑜教授在北京市社会科学院作学术报告

陈瑜教授和我国著名消法专家河山教授

陈瑜教授和中国社会保险学会
吕建设副会长

陈瑜教授和资深社保专家戴广义主任

著名经济学家王瑞璞教授和马仲良教授

2019年1月《消费养老管理办法
（试行）（草案）》研讨会

2018年陈瑜教授出席内蒙古"消费养老"
公共服务平台启动仪式

陈瑜教授出席2010年第36届
国际中小企业大会并发表演讲

陈瑜教授出席第四届全国城市绿化
高峰论坛并讲话

2018年陈瑜教授出席巴菲特股东大会
并与沃伦·巴菲特合影

陈瑜教授和《大趋势》作者
约翰·奈斯比特先生交谈

2010年10月陈瑜教授出席
第九届华人精英论坛并讲话

2009年11月陈瑜教授出席阿拉伯亚洲金融论坛并接受采访

2019年9月陈瑜教授被授予联合国千年发展目标——人类经济社会进步奖

2010年1月陈瑜教授出席中国管理大会并荣获中国管理终身成就奖

陈瑜教授出席2018年消费养老高峰论坛并讲话

2013年10月陈瑜教授出席"一带一路"经济论坛

消费养老创新模式

——一种新型全民养老保险模式

陈 瑜 著

中国商业出版社

图书在版编目（CIP）数据

消费养老创新模式：一种新型全民养老保险模式 / 陈瑜著 . —北京：中国商业出版社，2020.11
ISBN 978-7-5208-1305-1

Ⅰ.①消… Ⅱ.①陈… Ⅲ.①养老保险制度-研究-中国 Ⅳ.①F842.67

中国版本图书馆 CIP 数据核字（2020）第 200981 号

责任编辑：刘毕林

中国商业出版社出版发行
010-63180647　www.c-cbook.com
（100053　北京广安门内报国寺 1 号）
新 华 书 店 经 销
三河市天润建兴印务有限公司印刷

* * *

710 毫米×1000 毫米　16 开　14.5 印张　256 千字
2020 年 11 月第 1 版　2020 年 11 月第 1 次印刷
定价：68.00 元

* * * *

（如有印装质量问题可更换）

序

撰写本书的目的，旨在提出一种新型的全民养老保险模式。

如何科学地解决全民养老问题，是全球性的难题，是长期以来一直困扰各国政府和专家学者的问题，也是关乎全世界人民切身利益的问题。尤其是在人口老龄化进程加快的形势下，世界许多国家已进入老龄化社会。所以，解决全民养老问题，显得尤为迫切。

我们面临两项任务：一是要找到长期未能完全解决全民养老保险的历史原因；二是要提出一个全新的养老保险模式、切实有效的全民养老保险方案。

为此，我们对世界主要国家和地区的养老保险制度的发展历史进行简要梳理，研究并分析了这些国家和地区在不同历史时期，依据何种理论出台了哪些有关的法律、法规和政策，提出了哪些具体保险举措，以及发展情况和目前存在的问题。

经过深入分析和研究，我们发现养老保险问题长期未能解决的原因，是各国在对养老和养老保险的研究，以及养老保险制度的实施和发展过程中，存在一些误区。一是由于没有真正全面准确地实践养老金和养老保险的全部内涵，而形成的发展误区；二是由于缺乏自己专属的养老保险理论或者没有找到靶向明确的科学的经济理论支撑，而形成的发展误区；三是由于传统的惯性思维，而形成的发展误区。

首先，一直以来，世界各国着重研究和解决的是部分人群的养老金，即在职、在岗、就业和有薪劳动者的养老金。而全世界没有哪一个国家实现了全民

消费养老创新模式
>>>——一种新型全民养老保险模式

就业,从而使没有就业经历的巨大人群的养老金和养老保险被边缘化。迄今为止,世界各国所说的养老金和养老保险制度,就实质而言,是对在职、在岗等有就业经历的人群的退休金和退休金的计算和发放办法。

其重要原因是,各国在研究养老金和养老保险制度时,并没有真正全面准确地实践养老金和养老保险制度的全部内涵,从而使养老保险事业长期处于发展误区之中。实际上,养老金和养老保险是国家为社会全体成员,无论就业与否,从摇篮到坟墓整个生命周期内所积累的、为进入老年尤其是在丧失劳动能力之后,其生存和健康所需要的经济保障,而建立的社会保障制度。

其次,长期以来,各国在研究养老金和养老保险制度时,缺乏自己的专属理论或者找到靶向明确的经济理论支撑。他们出台的政策和提出的养老保险举措所依据的理论,如福利国家、福利经济学、福利多元主义和新古典经济学保障理论等,都是植根于经济发展的单一环节而形成的不完全的市场经济理论。这种不完全的市场经济理论,研究的是社会部分成员的经济行为和权益,而不是社会全体成员的经济行为和权益。

最后,以往一些保险专家在研究如何解决养老保险的根本矛盾和问题时,习惯于就行业本身分析问题,就保险谈保险,习惯于从行业自身范围内,寻找解决问题的办法。这种思维导致人们长期局限在一些具体操作方法和技术层面上,难以触及根本性的问题,养老保险也就难以实现实质性的突破。

虽然世界各国出台的政策和提出的保险举措,有时也提到将养老金覆盖范围扩大到全民的愿望,如1945年法国颁布的《社会保障法典》、1946年英国提出的《国民保险法》等都提出了类似的设想。但是,由于所依据的理论存在缺陷,导致他们始终没有提出一种切实有效的、可以覆盖全民的养老保险制度,从而使他们的这一设想和愿望难以实现。

我们面临的重要历史任务,就是要提出一种适合全民的养老保险模式。根据各国保险制度发展的历史经验,我们需要:第一,建立或者找到一种完全的市场经济理论,作为全民养老保险的理论支撑。第二,找到全民养老金的新渠道和来源。第三,在此基础上,设计并提出全民养老保险的创新模式。

首先,我们所依据的理论就是消费资本论。消费资本论提出了一种新颖的创新思维方式,着眼于从生产和消费双向看问题。把消费向生产领域和经营领域里延伸，论证了消费转化为资本的过程，提出消费即是投资，并以完整的理论体系把社会经济发展中消费和消费资本的力量系统地揭示出来，论证了消费资本是创造企业利润和社会财富的资本力量。

消费资本论明确提出，消费者就是消费资本的载体和所有者，是创造企业利润和社会财富的动力和参与者，应当参与企业利润和社会财富的分配。而社会全体成员，无论何种身份和职业，都是消费者，都是企业利润和社会财富的创造者，都应该分享社会财富和企业利润，都应当有享有养老金的资格。

所以说，消费资本论为全民养老保险提供了理论支撑。

其次，建立在消费资本论基础上的创新商业模式，使我们找到了养老金的新的渠道和源头。传统的商业模式的基本特征是买卖双方货款两清，认为这一经济过程即已结束。而消费资本论认为，这一过程虽已结束，但一个新的经济过程开始了，即消费者购买厂家和商家的产品和服务后，货款转到了厂家和商家的手中，进入了企业的再生产过程和经营过程，货款即转化为资本，由消费者货款转化为资本也产生利润。从这个意义上说，消费者既是买家又是投资者。因此，消费者理应参与企业利润分配，得到企业返还一定比例的利润作为收益，消费者即可将这部分收益转化为自己积攒的养老金。这就为全民养老所需要的养老金找到了出处，开辟了养老金来源的新渠道。

最后，提出和建立了消费养老创新模式。这是适应于全民养老的一种新型保险模式。消费养老创新模式是将消费者获得的消费资本利润，作为消费者的收益转化为个人养老金，而形成一种新型养老保险模式。

消费养老创新模式，是由政府主导和监管的、专家指导的、企业市场化运作的，根据消费资本论原理，消费者通过日常消费可获得消费资本利润作为收益，转化为养老金的新型养老保险机制。这是所有城乡居民都可以参与的全民养老、终生养老的保险体制和机制，是一种与市场对接、充满内生活力的养老保险模式。

消费养老创新模式，包括养老金的生成过程和政府监管过程。养老金的生成过程是企业通过企业市场运作完成，而养老金的托管和监管是由政府批准的、有资质的机构负责完成。

在这里需要强调的是，消费养老创新模式是在法制市场条件下，经过一系

消费养老创新模式
>>>——一种新型全民养老保险模式

列的市场规则和运作规则得以实现。企业作为消费养老创新模式的运营主体，吸收和组织消费者参与消费养老创新模式的诸种经济行为都是在市场条件下的法律行为。消费养老创新模式的实施过程，都是通过一系列的法律、法规指导，加以维持而实现的，是一个有序化、制度化和法律化的过程。

消费养老创新模式具有重要的现实意义和深远的历史意义。

首先，是对传统养老保险制度的改革和完善。它将弥补传统的养老保险体制和机制的不足，探索新的养老保险模式；它将转变消费者、保户、被保险人的身份，使被保险人成为积极主动的参与者。

其次，有助于构建"全民养老、终生养老"的新型养老保险模式，它可以化解以往传统养老保险模式存在的资金短缺、给付困难等诸多问题。它将给养老保险模式可持续发展注入内生动力，从而使养老保险制度发展出现转机，为缓解全社会养老难题提供新的办法。

再次，新型养老保险制度开辟了养老资金的新渠道。它是与市场对接、充满内生活力的养老保险模式，是全社会城乡居民共同参与的全民养老、终生养老的保险体制和机制。

消费是人类永恒的主题，是人类生存最基本的经济行为，它伴随着人的一生、人类生存的始终。因此，建立在消费资本论基础上的"消费养老创新模式"，为保险行业的发展，特别是为养老保险事业的发展找到了资金的源头，化解传统养老保险模式的融资"瓶颈"，是原有养老模式走向创新的突破口。

最后，对世界各国养老保险制度的改革和创新具有重要的参考和借鉴意义。人口老龄化是世界人口结构变化的共同趋势，世界人口老龄化给各国的养老带来巨大的压力和挑战，各国都面临着对传统养老保险制度进行改革和创新的任务，都在积极寻求新的解决办法和新的模式。消费养老创新模式的理论依据、内容设计和实施模式，对他们具有参考意义和借鉴意义。消费养老创新模式找到了"消费"这一最广泛的市场经济行为，作为享有养老金的依据，并提出以"消费者"这一身份即可为所有人提供养老保障。消费养老创新模式将"养老"和"消费"挂钩，以"消费"作为计算养老金的重要依据。人人都需要消费，人人均可通过消费获得养老金。因此，通过消费养老创新模式，建立的是一种能够覆盖全民的养老保险模式。

在本书的撰写过程中，得到国家有关部委的老领导、国家级社团机构领导、高等院校、研究机构和各界人士的大力支持。对本书的出版以及消费养老创新模式的研究，给予大力支持与关心的有关领导和专家有：杨福昌、赵登举、方嘉德、国林、桓玉珊、马俊如、王瑞璞、郑志鹏、聂世基、王国军、靳宝兰、马仲良、河山、李玉堂、景在新、钱龙生、吕建设、唐霁松、韩凤、戴广义、周红、金维刚、孙尚斌、温崇真、陈和权、初炳英、唐进、曲玉琳、陈文通、王斯洪、刘振堂、解三明、由长科、王明亮、薛高峰、许戈、申晓桦、罗贵杰等。聂世基、靳宝兰、李元元、陈公、石岩、关晶、陈璨、李春佳、刘海燕、吴畏等著名教授和青年学者参与了本书部分文稿的撰写、模型的设计，以及文献资料的整理和编辑工作。在此，一并致以深切谢忱！

最后，请广大读者对本书提出宝贵意见，以便日后进行修订和完善。

陈瑜

2020 年 5 月 15 日

前 言

近年来，世界人口迅猛增长和人口老龄化进程加快的双重压力，正在引发对传统养老保险模式的一场深刻反思，催生着一种新型的养老保险模式的诞生，需要积极探索并提出不同于过去传统保险模式的新型养老保险模式。《消费养老创新模式——一种新型全民养老保险模式》一书的出版，可谓恰逢其时。

作为一种经济学理论，消费资本论为解决社会全体成员养老金问题，提出了新的解决方案，即一种新的养老保险模式。这种新的养老保险模式，同传统养老保险模式最大的不同点在于它找到了养老金新的资金来源，不同于传统的国家、企业和个人缴纳的模式，从市场经济活动中最普遍的行为——消费行为中产生养老金。这是人人都可以参与的养老保障机制。无论男女老少，无论是就业或者未就业，都是消费者，都是企业利润和社会财富的创造者，都应该分享社会财富和企业利润，都应当具备享有养老金的资格。这是本书对世界养老保障制度所提出的一条创新思路。

本书第一篇，首先对世界主要国家的养老金和养老保险制度发展的历程，进行了简要回顾和介绍。目的在于使读者对主要国家养老金和养老保险制度，从萌芽到保险制度的正式建立，以及发展历程有一个全景式的了解，使读者认识到几个世纪以来，养老保险制度是如何一步一步走到今天的，以便和未来保险制度的改革和创新联系起来。这部分内容搜集和整理了有关国家养老保险制度的历史资料和已有的相关文献资料。原想作为资料汇编放在书后作为附录，后考虑到为了读者阅读方便，做了这样的编排，特此说明。我们必须了解以往社会保险制度发展的情况、存在的问题，以便在总结历史的经验和教训中，进行改革和创新。

消费养老创新模式
>>>——一种新型全民养老保险模式

第一篇包括两章。第一章对部分国家养老保险制度发展史综述;第二章对我国养老保险制度发展的历史综述。

部分国家养老保险制度发展史综述,介绍了养老保险制度的诞生及发展历程,包括英国、法国、德国、美国、瑞典、智利、新加坡、俄罗斯、韩国和日本等国家的养老保险制度的建立和改革。同时,介绍了现代养老保险制度建立和发展过程中所依据的理论基础,包括福利国家、福利经济学、亚当·斯密和凯恩斯的理论、新古典经济学老年保障理论以及福利多元主义等。总结了养老保险模式发展到随后形成的世界主流"三支柱"模式的有关情况。最后,总结了养老保险制度发展过程中的经验、存在的问题,以及未来养老保险制度发展的趋势。

通过上述内容,可以看到世界各国养老保险制度的实践和改革,为今后养老保险制度的发展提供了宝贵的经验,也形成了较为成熟的制度和模式。但传统的养老保险制度包括其理论依据,存在明显的历史的局限性。老龄化社会正在以不可阻挡之势加速到来,使许多实行现收现付保险制度的国家面临严峻的融资危机,甚至难以为继。因此,对传统养老保险制度的创新,势在必行。这也是本书提出和探索新的养老保险制度的意义所在。

关于我国养老保险制度发展的历史综述,介绍了自中华人民共和国成立以来,养老保险制度的建立和不断调整的过程。使读者看到我国养老保险制度在不断地完善,在社会保障方面发挥着越来越重要的作用。但同时,由于我国经济发展现状和人口众多的实际国情,对我国养老保险制度的建设提出了更大的挑战。如何统筹现有的养老保险制度,如何建立覆盖全民的养老保障制度,如何应对人口老龄化这一现实问题,成为我国养老保险制度改革的重要内容。

本书的第二篇,是本书的核心篇章,详细地介绍了消费养老创新模式这一新型全民养老保险模式。

第三章论述了消费养老创新模式提出的必要性和重要意义。它是我国养老保险制度改革和创新的需要,也是世界各国养老保险制度改革的需要。这是因为世界上绝大多数国家和地区实施的主流养老保险模式——"三支柱"模式,在经历了近一个世纪之后,目前正在面临巨大的压力和挑战,困难重重。近一个世纪,世界人口迅猛增长形成巨额的养老金刚性需求日益突显,养老金改革已迫在眉睫。人口老龄化进程加快，全民养老这一全球性难题，已成为当前世界各国迫切需要解决的问题。

根据联合国人口与社会发展署发表的人口数据统计显示，截至2015年，全球201个地区中，有89个国家或地区的65岁人口的比例超过了7%，有92个国家或地区的60岁人口的比例超过了10%，这意味着有92个国家或地区的人口进入老龄化社会。到了2019年，联合国人口基金会（United Nations Population Fund）数据显示，全球约有一半的国家或地区65岁以上人口占比在7%及以上，即全球约有一半的国家或地区进入人口老龄化社会。世界人口老龄化的形势十分严峻。

我国人口老龄化的形势也十分严峻。国家统计局数据显示，2019年年末，中国大陆总人口突破14亿。60岁及以上人口达到2.54亿，占总人口的18.1%。我国已成为世界上老年人口总量最多的国家。预计到2050年，60岁及以上老人占比将超过30%，我国将进入深度老龄化阶段。党中央和国务院高度重视对我国养老保险事业的改革与创新，我们必须在总结我国养老事业发展的经验和存在的问题上，进行深入的研究，对我国人口老龄化带来的压力，提出相应的对策。

世界人口迅猛增长正在引发养老保险制度一场深刻的革命，人口老龄化迅速到来，正在催生着一种适合新形势需要的新型全民养老保险模式。消费养老创新模式正是为化解这些难题而提出的。

消费养老创新模式的提出，有其经济理论依据和法律基础。消费资本论作为消费养老创新模式的经济学理论依据，它为社会全体成员享有养老金提供了经济理论支撑；为社会全体成员的养老金找到了出处和源头；提出了消费养老创新模式，并为消费养老创新模式创造了适宜的运营条件。消费养老创新模式的提出和实践，符合法律的基本规则和约束条件，也可以在我国现行法律和政策中找到出处和解释，也符合当前我国制定的多项政策规定，符合我国社会经济发展的要求。在第二篇第四章对上述问题进行了详细的阐述。

消费资本论通过对商品经济过程进行细分，充分揭示了商品经济的全部真实过程，进一步深刻地、具体地揭示了企业利润形成的秘密，指出企业利润和社会财富是由三种资本——货币资本、知识资本和消费资本——共同创造的，

消费养老创新模式

>>>——一种新型全民养老保险模式

消费者是企业利润和社会财富的创造主体之一。这就为消费者参与企业利润和社会财富的分配提供了科学依据，消费者的消费行为，也是一种投资和储蓄行为，企业可以将其记录在案并按照一定的规则给予其投资收益回报。这部分投资收益回报可以转化为消费养老金，这就为消费养老创新模式寻找到了新的资金来源和渠道。

企业可以通过实施创新商业模式，建立起新的企业制度、新的分配制度和新的发展方式，从而实现将每一位消费者的消费行为转化为投资行为，在消费者进行消费之后给予其收益回报，并将收益回报转为消费者的消费养老金，进行积攒和累计，从而实现消费者当期消费和未来养老消费之间的有效调节，使当期的每一笔消费，都将为未来老年的消费积累一笔财富。

消费资本论将用货币资本、知识资本、消费资本三种资本来推动我国保险业和养老保障制度的发展，可以有效地化解以往在单一货币资本支持下的养老保险模式存在的诸多问题。它将给养老保险模式注入可持续发展的内生动力，从而使养老保险制度发展出现转机。

提出建立在消费资本论基础上的消费养老创新模式，其最重要的意义在于它开辟了增加养老金的新渠道，从市场中找到养老金的源头。它为养老保险制度改革提供了新的资金筹集模式，对建立多元化、多层次养老保险制度有着重要意义。

在第二篇第五章中，介绍了消费养老创新模式的总体设计。在本书撰写之前，消费养老创新模式已经在局部地区和企业进行了探索，关于消费养老创新模式的研究也已经有数年时间和诸多研究成果，因此在撰写本书时，消费养老创新模式具备翔实内容和完整体系。在本章中，详细介绍了消费养老创新模式的定义、宗旨和目标，消费养老创新模式的内容和运行机制，以及消费养老创新模式的特征、同传统养老保险模式的对比和不同。

根据消费养老创新模式的原理，给出了消费养老创新模式的定义。即"消费养老创新模式"是由政府主导和监管的、专家指导的、企业市场化运作的，根据消费资本论原理，消费者通过消费获得的消费资本利润，转化为养老金的一种新型养老保险机制，是全国城乡居民都可以参与的全民养老、终生养老的保险体制和机制，是一种与市场对接的、充满内生活力的养老保险模式。

通过这些内容的介绍，可以使读者清晰地看到消费养老创新模式的整体面貌，作为一个有机综合体，它将养老保险制度的建立同市场经济运行紧密地结合在一起，将未来的养老和当前的消费有机地结合，它组织了众多生产企业、实体商家和广大的消费者，借助先进的互联网技术和新型消费模式，联合了银行、保险和养老金相关机构等，共同打造了消费养老这一新型养老保险模式。它有着灵活的运行机制，可以随时随地积累，可以让任何人参与进来，具有鲜明的普遍性、公平性和平等性特征。

总体来说，消费养老创新模式包含两大内容。一个是消费养老金的生成过程；另一个是消费养老金的托管过程。消费资本论从市场中找到了新的养老金的来源，解决了消费养老金的生成。而消费养老金的托管，还需要专业的养老金管理公司、金融机构等参与进来，规范养老金的管理和投资运营，从而使消费养老金的管理合法合规和实现增值的目标。本篇的第四章和第五章给出了具体的管理和运营办法。

第六章是论述消费养老金的生成过程，详细说明了消费养老金的生成规则、过程、计算模型和消费场景等内容。消费养老创新模式以消费资本论为理论依据，由运营主体联合数量众多的企业和商家广泛合作，每个参与到该模式中的企业或者商家，通过实行新的商业模式，将消费者的消费资本所产生的利润分配给消费者，充分体现了消费资本在经济发展中的作用，使消费者获利。同时，将企业和商家所返还给消费者的利润的一部分，作为消费者的养老金，从而实现"消费获得养老保障"的目标。

第七章详细说明了消费养老金的托管和监管办法，阐述了消费养老金管理的基本原则、可选择路径、管理模式比较、保值增值和养老金领取和第三支柱个人消费养老金规范管理计划等内容。

由于养老金托管的期限较长，资金安全性保障尤为重要，一般的经营性企业只能为消费者生成养老金，但自身并不具备管理养老金的资质，须交由专业的养老金管理机构来进行管理，从而保障资金的独立性、安全性和规范化管理。

在我国，养老金管理主要是由国家人力资源和社会保障部管理，建议消费养老金的管理也要纳入国家管理系统，由国家统一进行监管，并指定相关金融

消费养老创新模式
>>>——一种新型全民养老保险模式

机构来管理这笔养老金。或者同保险公司合作，由保险公司针对消费养老创新模式，设计和开发相应的养老保险产品，由保险公司来承担消费养老金的托管、保值和增值，以及给付和管理等责任与义务。

消费养老金的管理办法采用是的完全积累制。在完全积累制下，通过建立个人账户，将消费者获得的消费养老金全部汇入个人账户，养老待遇水平完全取决于消费者个人养老金账户中的完全积累额，完全积累额包括通过消费产生的消费养老金，以及账户基金的投资收益积累。

消费养老基金的投资收益非常重要，在遵守国家对养老金管理办法规定的前提下，要尽可能选择收益比较高的投资项目，要保障消费养老基金的高收益性，以减缓通货膨胀和经济发展水平等因素的影响。

当消费者到了法定退休年龄，可持身份证明到专业的养老金管理机构或者保险公司办理养老金领取手续。可根据消费者的意愿，选择一次性或者按年（或月）分期领取养老金。

消费养老创新模式是一个庞大的体系，需要建立完善的组织机构，形成政府监管、消费者监督、企业市场化运营，并引入银行、基金公司、保险公司等金融机构的参与，从而建立起一个紧密型合作型的、强有力的运营管理体系。

在本章的第六节，介绍了目前已经在市场上运营的"第三支柱个人消费养老金规范管理计划"的有关内容。这个计划是对消费养老金管理模式和机制的有益探索和实践。

消费养老创新模式是在对以往国内外养老保险制度发展理论、管理模式和运行机制全面研究与创新基础上，总结提出的新型全民养老保险模式，是对传统养老保险模式的创新。在本篇的最后一章，介绍了消费养老创新模式对我国养老保险制度的改革和建设，以及对世界养老保险制度改革和建设的重大意义。

本书的第三篇是消费养老创新模式在实践应用中的说明。消费养老创新模式是一种有序的、制度化的、法律化的具有创新性的养老保险模式。为保证消费养老创新模式的顺利落实和进行，还要建立坚实的科学支撑系统和法律支撑系统，并遵从消费养老创新模式实施过程中的有关操作手册，从而推动这一利国利民事业的稳步推进和持续发展。

首先，作为企业在实践消费养老创新模式的过程中，要能够自我约束和规范运作。为了规范企业的行为，在第三篇第九章中提出了消费养老创新模式实施的总则，包括基本要求、基本原则和基本条件。企业只有建立起法律支撑系统、科学支撑系统和互联网支撑系统，才能保障企业的运行是科学的、规范的、合理合法的，才能够真正将消费养老创新模式落地和实施。

其次，企业在实践消费养老创新模式的过程中，还应该遵守基本的操作守则。这里制定了一系列针对模式实施过程中各个环节需要注意和遵守的准则。本守则为约束参与消费养老创新模式各参与方的行为而制定，可由消费养老公司制定、发布并负责解释。

最后一章，针对消费养老创新模式的实施和有关专家的建议，提出了关于进一步加强政府管理的几项政策建议。消费养老创新模式作为新业态和新生事物，要在全国和全社会落地实施需要一个过程，需要消费者、企业和社会全面了解和认可的过程，从政府监管到相配套的法律法规、金融政策、保险政策等各类政策的出台，对实施"消费养老创新模式"的企业进行规范和监管至关重要。

理论创新和实践创新的核心，是在党和国家方针政策的指引下，在总结我国经济发展实践经验的基础上，探索出新时期社会主义市场经济发展的新理念、新路径和新举措。换言之，是为我国现阶段和今后经济长期发展探索出一条新路。

消费养老创新模式作为一种新型的养老保险模式，是我国基本养老保险之外的一种补充养老保险。多年来，我国政府一直倡导在国家基本养老保险之外，鼓励发展企业补充养老保险和个人储蓄性养老保险，建立多层次养老保障体系。消费养老创新模式作为个人储蓄养老保险的一种重要形式，有助于建立多层次、多元化的养老保险体系。

消费养老创新模式积极落实党和国家的有关方针政策，通过创新的发展思路和发展理念，发动全社会积极参与养老保险，在不增加财政负担、企业负担和消费者支出的前提下，从市场经济的良性循环中提取养老金，从而有效化解老龄化社会面临的巨大压力。

通过本书的出版，让人们能够清楚地了解消费养老创新模式。通过对消费

消费养老创新模式
>>>——一种新型全民养老保险模式

养老创新模式的内容介绍,让人们清晰地看到消费养老实施的全过程,以及各个合作机构之间的相互协作。通过对消费养老创新模式的操作部分,让人们了解到该如何正确地、合法合规的来实施消费养老创新模式,从而充分发挥消费养老创新模式对当前人口老龄化形势下养老保险制度改革的重要意义。

消费养老创新模式对我国乃至世界养老保险制度的改革都具有探索意义。但好的模式还需要经过科学的设计、规范的实施,才能够落地开花结果。希望本书的出版,能够对这一模式的实施起到一定的推动作用,能够使这一模式造福社会、造福人民。这是本书出版的宗旨和目的。

目录

第一篇 国内外养老保险制度发展历程

第一章 主要国家养老保险制度发展历程综述 ········ 3
- 第一节 养老保险制度的诞生及发展历程 ········ 3
- 第二节 对现代养老保险制度理论基础的分析与评价 ········ 24
- 第三节 世界主流"三支柱"模式的形成 ········ 28
- 第四节 对现代养老保险制度的评估：经验、问题与发展趋势 ········ 33

第二章 我国养老保险制度发展的历史综述 ········ 38
- 第一节 我国养老保险制度发展的历史沿革 ········ 38
- 第二节 我国养老保险制度的改革与创新 ········ 43

第二篇 消费养老创新模式
——一种新型全民养老保险模式

第三章 消费养老创新模式提出的必要性及重要意义 ········ 51
- 第一节 "三支柱"模式面临巨大压力和挑战 ········ 51
- 第二节 世界人口迅猛增长，养老金刚性需求日益突显，养老金改革迫在眉睫 ········ 52
- 第三节 人口老龄化进程加快，解决全民养老问题势在必行 ········ 55

第四章 消费养老创新模式的科学依据 ……………………………… 58
第一节 消费养老创新模式的经济理论依据 ……………………… 58
第二节 消费养老创新模式的法律基础 …………………………… 67

第五章 消费养老创新模式内容概述 ………………………………… 81
第一节 消费养老创新模式的基本概念 …………………………… 81
第二节 消费养老创新模式内容和运行机制 ……………………… 84
第三节 消费养老创新模式的特征 ………………………………… 90
第四节 消费养老创新模式同传统养老保险模式的比较 ………… 92

第六章 消费养老金的生成过程 ……………………………………… 96
第一节 消费养老金的生成规则 …………………………………… 96
第二节 消费养老金的生成过程 …………………………………… 98
第三节 消费养老金的计算模型 …………………………………… 101
第四节 消费养老金涉及的消费场景研究 ………………………… 103

第七章 消费养老金的托管和监管办法 ……………………………… 108
第一节 消费养老金管理的基本原则 ……………………………… 108
第二节 消费养老金管理的可选择路径 …………………………… 109
第三节 消费养老金的管理模式 …………………………………… 113
第四节 消费养老金的保值增值 …………………………………… 116
第五节 消费养老金的领取 ………………………………………… 118
第六节 第三支柱个人消费养老金规范管理计划 ………………… 120

第三篇 消费养老创新模式在实践中的应用

第八章 相关原则 ……………………………………………………… 129
第一节 基本要求 …………………………………………………… 129

第二节　基本原则 …………………………………… 132
　　第三节　基本条件 …………………………………… 134

第九章　操作守则 …………………………………………… 137
第十章　关于进一步加强管理的几项政策建议 …………… 147
　　第一节　政府的职能 ………………………………… 147
　　第二节　出台相关法律法规 ………………………… 151
　　第三节　优惠政策支持 ……………………………… 154

附录　关于消费养老的演讲和报告

附录一：陈瑜教授的文章演讲和报告 …………………… 159
　　透过"消费"谈"养老" ……………………………… 159
　　关于消费养老创新模式 ……………………………… 162
　　消费养老作为我国养老保险第三支柱补充举措的建议 … 167
　　在"第三支柱个人消费养老金规范管理计划发布会
　　　暨研讨会"上的致辞 ……………………………… 172
　　在"2019第二届消费养老创新模式高峰论坛"上的讲话 … 175
　　在"2020第三届消费养老创新模式高峰论坛"上的讲话 … 179

附录二：部分专家学者关于消费养老的演讲和报告 …… 181
　　河山：分享经济、消费资本论与消费养老、消费者权益保护 … 181
　　戴广义：消费养老是应对老龄化挑战的创新模式 …… 186
　　周红：建立消费养老保险基金拓展第三支柱资金来源渠道 … 191
　　杨燕绥：关于消费养老创新模式的四点体会 ………… 196
　　王明亮："综合性公证养老"法律服务研究 ………… 199
　　许戈：消费养老的创新操作方式探讨 ………………… 205
　　李元元：科学规范实施消费养老创新模式的"三大支撑" … 209

第一篇

国内外养老保险制度发展历程

第一章 主要国家养老保险制度发展历程综述

养老金和养老保险制度是社会保障制度的重要组成部分,是社会保险五大险种中重要的险种之一。所谓养老金和养老保险制度,是指国家为社会全体成员,无论就业与否,从摇篮到坟墓整个生命周期内所积累的、为进入老年尤其是在丧失劳动能力之后,其生存和健康所需要的经济保障,而建立的社会保障制度。

自20世纪初以来,经过近百年的发展,全世界有165个国家和地区建立了社会保障制度。其中,有158个国家和地区建立了养老保险制度。各个国家和地区政府通过养老保险制度消除老年生存危机,化解社会矛盾,维护社会稳定,推动社会经济发展。

第一节 养老保险制度的诞生及发展历程

一、养老保险制度的萌芽

养老保险是社会保障的一个重要组成部分。在资本主义发展初期,欧洲就出现了社会福利制度的萌芽。最早可追溯到1601年,当时由于资本的原始积累导致了大量工人和平民的生活水平低下、生存失去保障,社会的稳定也因此受到威胁。于是,英国颁布了《济贫法》(The Elizabethan Poor Law of 1601),建立了由政府出面干预的社会保障制度。《济贫法》是世界历史上第一部具有社会保障性质的法律,它奠定了政府支持公共救济事业的基本方式。自《济贫法》颁布后,在英国延续了3个多世纪。直到20世纪初期,英国政府才提出实行社会救济与社会保险相结合的社会保障制度。

19世纪中叶,德国出现了民间自发的互助性慈善事业,一些警察、宗教和社会团体创办了收容所、孤儿院等社会慈善机构,从事救济贫民活动。工人和工会开始创办"劳动福利中心""社会福利联合会"等群众团体,集资援助遭遇死亡、事故、病残等不幸的工会会员及其家庭。虽然这些活动与社会保险制度有性质上的差异,但它却是社会保障制度的萌芽,是德国社会保障制度的起源和前身。

在这一时期,社会保障主要以救济为主,主要是针对部分贫困人群的一些保障措施,尚未建立起针对全体国民的社会保障制度。社会救济主要是帮助处于贫困阶层的人群,它们的救济范围和力度相对有限。随着社会经济的不断发展,尤其是资本主义社会贫富不均的现象日益严重和社会矛盾激化,社会救济功能已经不能满足社会保障的需要。于是,现代社会保险制度应运而生。

二、现代养老保险制度的建立

现代养老保险制度始于欧洲。由于工业革命进一步发展,欧洲率先面临着经济发展带来的各种社会问题,为了缓解各阶层间的矛盾、稳定社会秩序、推动经济发展,欧洲各国逐步建立起包括养老、失业、医疗、救济在内的社会保障体系。19世纪末至20世纪初,现代养老保险制度逐步在欧洲各国建立。随后,到了20世纪中期,美洲、亚洲各国也逐步建立现代养老保险制度。

(一)德国现代养老保险制度的建立

德国是最早建立现代养老保险制度的国家。19世纪中叶,德国的社会保险制度就已初具雏形,最早是民间自发的互助性慈善事业。19世纪末20世纪初是德国现代社会保障制度建立的时期,一系列的社会保险立法奠定了德国社会保险制度的基础。这一时期的社会保障制度模式被称为"俾斯麦模式"。

1883年,俾斯麦所代表的政府颁布《疾病保险法》(The Sickness Bill)为最低收入工薪者强制实施医疗保险,保险金由员工和雇主共同缴纳;1884年颁布了《劳工伤害保险法》(The Accident Bill),规定工人遭遇工伤可获得雇主的赔偿金;1887年修改《疾病保险法》(The Sickness Bill),增加了生育保险内容;1889年颁布《伤残和养老金保险法》(The Pensions and Disabilities

第一章
主要国家养老保险制度发展历程综述

Act）；1911年颁布《遗属及职员保险法》（The Workmen's Insurance Code），拉开了德国养老保险制度的序幕。

1911年，德国政府颁布了《社会保险法典》（The National Insurance Act），将各种社会保险法整合为一部简明的社会保险综合法。该法典从1912年1月1日起开始生效。这一系列立法逐渐确立并被称为"俾斯麦模式"的社会保障制度。其特点是体现了"社会民主""职业保险""合作主义"等原则。由于其个人养老金待遇取决于个人的缴费水平，因此较好地体现了"多劳多得"的原则。

从1918年起，德国进入魏玛共和国时期，于1919年颁布的《魏玛宪法》（Weimarer Verfassung）对社会保险作出明确规定。提高了养老金津贴标准、扩大了养老金覆盖范围，将家庭手工业作坊的员工纳入覆盖范围。德国还实行养老金领取者福利救济制度，1929年有30%的城镇养老金领取者和22%的农村养老金领取者领取此类补充性福利救济。

1933年，德国宣布重建社会保障自治性管理体制，社会保障管理中的各种自治团体全部解散，建立起高度中央集权的社会保障管理体制。同时，采取一系列措施推进德国社会保障制度的发展，一些社会保险制度的适用范围进一步扩大。1938年，德国通过《手工业者养老金法》（Law on Old-Age Pensions for German Craftsmen），将强制性养老和残疾保险扩大到大部分自我雇佣的手工业者。1941年，疾病保险和养老金制度的适用范围扩大到自我雇佣者。德国政府还加强社会保障的财政支持，对社会保险提供财政补贴和担保，实行直接从工资中扣除社会保险缴费的新制度，并规定了缴费水平和工资税的计算标准。

第二次世界大战后，德国经济的复兴使德国逐渐发展为福利国家。1949年颁布了《社会保障适应法》。1957年至1969年，政府整合和改革旧的养老金制度，形成了德国的公共养老金体系。公共养老金制度体现了平等性和统一性原则。平等性原则体现在白领文员和蓝领工人享受平等的养老金待遇，统一性原则体现在白领文员和蓝领工人的养老保险通过财政转移支付实现了互联。

德国战后的公共养老金制度采取现收现付制，随着德国的经济迅速恢复，社会工资的增长超过了养老金负担的增长，使德国公共养老金账户的余额出现

消费养老创新模式
>>>——一种新型全民养老保险模式

了可观的增长。1972年，德国的公共养老金制度开始允许在63岁前退休且全额领取养老金，提升了低收入人群的养老金待遇，甚至进而覆盖了自我雇佣者和家庭主妇。这一养老金政策的调整造成了"一降一升"：（联邦）德国的实际退休年龄从1973年的62岁降到1981年的59岁；（联邦）德国养老金支出占GDP的比重比1971年的7.1%升到1980年的9%。

20世纪80年代后期，德国政府开始认识到应该采取措施对社保成本进行有效控制。1992年，科尔（Helmut Kohl）政府实施了一项重大改革，将与保险费率相联系的薪酬基础由毛收入变为净收入，即税后净工资。这实际上将不断增加的养老金支出负担部分转移到了退休者身上。1992年改革的同时也对提前退休补贴作出了规定：10年内，除投保年限较长且丧失工作能力者才被允许提前退休并领取全额养老金外，其他提前退休者不再领取全额养老金。

随着20世纪90年代初两德统一，德国政府面临成千上万的新增的养老金申领者，保险支出负担剧增；同时，德国人口老龄化形势继续在恶化。1997年，德国通过了第二次保险改革议案，将保险福利与人口发展因素（人均寿命的延长）相联系。正式开启了德国养老金制度的结构性改革，降低法定国家养老金比例，加强公司和个人养老金的比例，真正做实德国养老制度的"三支柱"体系，达到稳定公共养老缴费率和降低法定养老保险替代率的目的。其颁布《老年财产法》（AVmG）及其修正案，扩展了私人养老保险。

2004年启动了新一轮的养老金调整计划，使人口结构的变化能够反映到养老金支付率中，减轻同期缴费人的压力，达到实现代际公平的目的。

另外，《老年人收入法》（AltEinkG）还新增了缴纳养老金可以延迟缴纳个人所得税的内容，即缴纳养老金时可以免缴个人所得税，支取养老金时再进行缴税。同时，在这部法律中，依据不同种类的养老金在养老体系中所起到的作用不同、国家对其采取的不同税收政策，原有的养老金"三支柱"体系被重新定义为三层次。重新界定后的三层次模式，不仅使得法定养老金从最强支柱转变为体系的一个部分，也表明了德国未来养老金改革的走向，将职业养老金和个人养老金明确划入德国养老金体系，极大提升了基金积累制在德国养老体系中的作用。

(二) 英国现代养老保险制度的建立

英国是世界上最早提供社会保障的国家。早在1601年，英国就颁布了《济贫法》，从而建立了由政府出面干预的社会保障制度，通过法律的形式将社会保障活动固定下来。1908年，英国正式批准了《养老金法》（The Old-Age Pensions Act），规定国家为老年人提供养老金。支付养老金所需的一切费用均来自政府拨款。《养老金法》是20世纪英国社会保障制度第一部重要立法，它在英国建立起国家养老金制度。

1911年通过《国民保险法》（The National Insurance Act）给予了英国工人针对疾病和失业的保险制度，规定有薪劳动者都必须参加医疗保险和失业保险，并通过政府加征烟、酒、汽车、汽油税的办法来增加社会保障资金，从而开创了以国家财政手段来保证实行社会保障制度的先河。

英国的养老保险制度经历了国家免费养老金制度、国家缴费养老金制度以及与收入相关联的养老金制度。

国家缴费养老金制度的建立。1925年，英国颁布了《寡妇、孤儿、老年人缴费养老金法》，开始实行缴费养老金制度。该法案扩大了养老金制度的覆盖面，提高了养老金津贴的标准，改变了英国养老金制度的免费性，第一次在英国建立起缴费养老金制度，实现了养老金问题上权利与义务相结合的原则。

1942年年底，英国政府发表了《社会保险和相关服务》（Social Insurance and Allied Services）的社会保障计划，对西欧各国的社会保障事业都产生了巨大影响。该计划提出了英国社会保障计划的四大原则：普遍性原则、保障基本生活原则、政府统一管理原则、权利与义务对等原则，并主张为每一个公民提供七个方面（儿童补助、养老金、残疾津贴、失业救济、丧葬补助、丧失生活来源的救济、妇女福利）的保障，从而使英国成为最早建立起完整的社会保障制度的国家。

1946年，英国颁布实施《国民保险法》，不仅提高了养老金津贴标准，而且没有加入缴费养老金制度的老年人可以根据1948年颁布的《国民救济法》获得救济。这样，英国养老金制度不仅实现了向缴费制度的根本性转变，也实现了养老金管理制度的转变。

到20世纪50年代，这种养老金制度未越来越不适应英国社会发展变化的需要。养老金支出的迅速扩大使英国政府在财政上难以承受,扩大养老金规模成为英国社会保障制度的迫切目标,建立和实施与收入相联系的养老金制度成为一种现实的需要。

1959 年,英国颁布了新的《国民保险法》,建立起与收入相关联的养老金制度,主要是提高同一标准的养老金制度的缴费和津贴标准。1961 年,与收入相联系的养老金制度正式开始运行。与收入相联系的养老金制度,使英国建立起两种性质三种形式的养老金制度。

1975 年颁布的《社保法案》,进一步推出了国家收入关联养老金计划,简称 SERPS。该法案要求全部雇员参加强制性的收入关联加护,同时允许已经是职业养老金计划的成员继续留在原计划中。职业养老金与 SERPS 共同组成了英国社会养老金制度的第二法定支柱。

英国的养老保险制度由三支柱构成。第一支柱是实行现收现付的国家养老金计划,由国家基本养老金计划和国家补充养老金计划两部分组成。第二支柱由职业养老金计划和个人养老金计划组成。第三支柱是个人自愿性的商业养老保险,通过个人购买商业保险,为个人退休后继续维持较高的生活水平提供保障。

(三) 法国现代养老保险制度的建立

法国养老金制度起步较早。早在 19 世纪初,法国就出现了退休后生活风险社会化分摊的工人互助组织。19 世纪中期,政府建立了公共部门养老金制度,为军人和公务员提供制定了退休年金制度和伤残保险制度。19 世纪末到 20 世纪初,法国行业养老金制度开始形成,在铁路、矿业、冶金、捕鱼公司等一些大企业,开始为雇员设立行业互助性的养老年金制度。1910 年,法国出台《社会保险法议案》,这也是第一个包含养老保险的社会保障法律,它将养老保险覆盖到所有工商业雇员。1930 年,法国政府建立了一个面向全体工薪者的基金积累制的养老保险制度。

1945 年,法国政府颁布了《社会保障法典》,重建了现代社会保障制度。新的养老金制度成为适用主体更广泛的社会保险,包括适用于工商业雇员、农业雇员、个体雇员的社会保险制度,和社会救济等内容组成庞大的法国社会保障法体系。同时,新建立的养老金制度采取了有利于社会再分配的现收现付制,资金由雇主和员工分摊,以支定收,在全国范围内统收统支、现收现支。至此,法国现代社会保障制度由基金积累制走向了现收现付制。

法国的养老保险体制主要有以下几个特点:

1. 1945年以后,法国确定了养老保险普遍化原则,规定任何人员应根据其职业活动加入相应的养老保险制度。经过多年的实践和完善,借助各种各样分属于不同的行业部门管理的养老保险制度,逐步形成了覆盖全民的养老保险体系。其中,最大的养老保险制度——普通保障制度,覆盖了所有私营工商行业工薪人员以及管理人员。此外,通过一些建立在税收优惠基础上的非强制性实施的养老保险制度对自雇、自营等特殊类型的就业人员实现了覆盖。

2. 法国养老保险制度标准不统一。不同归属的部门、不同行业的雇员、不同层次的雇员、不同的就业形态之间的养老保险制度都存在一定的差异。除了多行业的基础系统外,还有各行业的增补系统,从而使法国的养老金制度十分繁杂,各种制度高达538种,可以归结为四大类:①特殊保障制度,适用于军人、国家公务员;②普通保障制度,适用于一般工商业雇员;③农业保障制度,适用于自耕农、农业雇工;④非农业非雇员保障制度,适用于商人、手工业者和自由职业者等。

3. 形成了有一定选择性的多层次保障结构。从纵向看,整个养老保险体系体现为基本养老保险、补充养老保险和补充的补充养老保险三个层次。基本养老保险提供基本的养老金;补充养老保险提供附加的养老金。这两部分都通过现收现付制的资金运作模式,由国家立法强制实施。法定的补充养老保险由雇主、雇员分担,国家给予税前列支的优惠政策。补充的补充养老保险实施基金积累制,通过个人自愿选择加入,由各种互助保险和商业保险组成,缴费率不固定。

4. 在基金征收上,全国高度集中,强制实施,统一收缴。在基金拨付上,由社会保障中央基金管理局协调安排。每月各地征收联盟将征集到的保险费和财政拨款汇入社会保障中央基金管理局的专门账户。基金管理局根据需求实际,拨付到养老保险全国基金会的专门账户。再由养老保险基金会直接汇入每个投保人的银行账户上,确保了养老金的按时拨付到位。在基金管理上,由独立于国家之外的带有私营性质的公益部门养老保险全国基金会进行经营,实行

消费养老创新模式
>>>——一种新型全民养老保险模式

收支两个机构、两条线管理，各司其职，互相监督和制约。基金会采取理事会的管理形式，工会和雇主委员会联合组成理事会共同管理。

(四) 瑞典现代养老保险制度的建立

瑞典是北欧福利模式的创始国，其老年社会保障制度已有100多年的历史。瑞典养老保险制度始建于1913年。经过近一个世纪的努力，瑞典已建立了一套比较完善的高福利的养老保障制度，涉及老人、残疾、儿童、妇女、贫困家庭等不同群体，养老制度已变得更加完善，政府为老人们撑起了一把安度晚年的保护伞。

瑞典的养老保险体系分为三个层次：第一层次为国民基本年金（Public General Old-Age Pension），凡符合法律规定条件的一切退休人员，不论其退休前的工作、职位和收入水平如何，都可以领取国家统一规定数额的基本年金。退休者无须缴纳保险费，也不必经过收入调查，只要是常住瑞典的公民，或符合规定居住期限的外侨，都可以领取，每年由政府对基本年金的基数作出修订，基数随物价水平而调整。第二层次为国民补充年金，也称"收入相关联年金"（Income-Related Supplementary Pension），它是非强制性的，是对国民基本年金的补充，其资金完全来自雇主为雇员而建立的年金基金。第三层次为部分年金，这是瑞典自1976年针对灵活就业的临时工实施的灵活退休制度，职工既可以提前退休，也可以边工作边领取部分年金。瑞典推行的老年社会保障制度覆盖面广，保障程度高，体现了"福利国家"的特点。其保障对象为全体公民，较为充分地体现了社会公平原则，把对社会全体公民，特别是老年人的基本生活保障作为政府的责任，通过立法付诸实施；在保障水平方面，除了养老保险制度之外，瑞典还有完备的老年社会福利制度，这使政府在老年群体上的公共支出一直保持较高的水平。

(五) 美国现代养老保险制度的建立

美国在社会福利立法方面起步较晚，直到20世纪30年代美国才开始建立社会保障制度。1935年8月14日，美国颁布了第一部《社会保障法案》，标志着美国社会保障制度开始建立。

虽然《社会保障法案》使美国走上了福利国家道路，但这部法案也存在诸多不足，尤其是社会保障覆盖面较小，约有25%的劳动力人群享受不到这种福利。此外，养老金的来源是雇员和雇主的工资征税，实际上是一种强迫性保险计划。同时，它提供的只是最低或者说是最基本的生活保障，而达到一般生活标准的人就无法享受到这种福利。

随着财政困难，养老金制度出现危机，从而使美国养老金制度调整势在必行。1974年通过了《雇员退休收入保障法》、1978年通过了《美国国内税收法案》、1986年通过了《税法改革修正案》、2001年通过了《经济增长与减税调和法案》、2002年通过了《企业改革法案》，这些法案规定雇主要为其雇员建立私营退休金制度，积极发展和鼓励个人养老储蓄，以作为基本养老保险的补充，为雇主养老金和个人账户的发展做了有效的引导。与此同时，美国积极响应世界银行的"三支柱"养老金制度模式。

经过不断调整与发展，美国逐步形成了包括国家法定养老保险、企业退休养老保险和个人储蓄养老保险在内的"三支柱"养老保险体系。

第一支柱：联邦养老金制度。联邦养老金制度是由联邦政府主导并强制实施的基本养老保险制度。社会保障税是联邦养老金最主要的资金来源，是美国仅次于个人所得税的第二大税种，由联邦政府强制要求企业在每月发工资时按照一定工资比率代扣代缴，并统一进入美国社会保障署设立的社会保障基金。联邦养老金实施"多缴多得"的政策，同时为体现社会公平性又设定了应税工资上限，超出部分的工资不再缴纳社会保障税。对于因联邦养老金及其他收入太少而不足以维持生计的65岁以上人群，社会保障署会根据联邦"附加保障收入计划"按月发放生活补助金，资金来源于联邦政府的财政收入。

第二支柱：企业补充养老保险制度。美国的企业补充养老保险普遍享受税延优惠，其主要包括面向大部分员工的401（k）养老金计划，以及面向政府员工、非营利机构员工、公共教育机构员工和自我雇佣者等的403（b）养老金计划、457（b）养老金计划、457（f）养老金计划和401（a）养老金计划。目前，401（k）养老金计划已成为美国覆盖面最广泛的企业补充养老保险计划。

401（k）养老金计划是一种由雇主和员工协商建立并共同出资的缴费确定型养老保险，其名称来源于美国于1978年对《国内税收法》（Internal Revenue Code）作出的修正案（The Revenue Act），其中，新增的第401条k项条款规定，政府机构、企业及非营利组织等不同类型雇主，为员工建立积累制养老金账户可以享受税收优惠。

雇主为员工设立专门的401（k）账户后，双方共同缴纳一定数量的资金存入账户，雇主为员工缴费的比例由劳资双方协议确定。

第三支柱：个人养老金计划。个人养老金计划，即个人储蓄保险。对于没有获得雇主发起类似于几乎或需要补充其退休收入的个人，由联邦政府提供税收优惠，由个人自愿参与，其核心是建立个人退休账户（IRA）。据统计，至2017年年底，超过1/3的美国家庭拥有IRA。

IRA由满足年龄和年薪限制条件的个人在有资格设立IRA基金的银行、基金公司等金融机构开设账户，同时可以参加其他的养老金计划。IRA的本金和收益（投资债券和股票等）不得转移至别的账户。从税法的角度来看，IRA资金的投资活动被归类为储蓄行为，因此享受延迟纳税和免征存款利息、股息和投资收益所得税的优惠。

（六）日本现代养老保险制度的建立

1941年，日本颁布了《劳动者年金保险法》。1942年开始推行养老保障制度。1961年，日本建立了基础养老金（也称国民年金）制度，规定20岁以上国民都有义务加入基础养老金，从此实现"全民皆有养老金"。随着经济的发展和社会的变化，日本又在国民年金的基础上建立了以企业薪职人员为对象的厚生年金和以公务员为对象的共济年金。

养老金制度的不断完善和发展，为经济的迅速发展创造了稳定的社会环境。在日本，国民年金和厚生年金保险费的征收是强制性的。国民年金资金来源于个人缴纳的保险费和国家财政预算，缴费率是按工资水平递增，工资收入水平越高，上缴费率越大。厚生年金和共济年金的资金则由个人和单位按同比例分担。国民年金和厚生年金采用"后代人抚养前代人"的社会保险方式，由国家统一管理，所以又称公共养老金。

在日本参加厚生年金保险的民营企业中有60%实行了企业年金制度。日本的企业年金是企业对职工劳动的补偿，是对国民年金和厚生年金的补充，是由企业根据各自的需要和承受能力制定的制度，具有以下几个主要特点。

1. 目前大部分企业实际上把企业年金分为两部分，一部分仍一次性支付，另一部分以年金方式支付。这样做的好处是，既可以把一笔钱留在企业，企业调度使用方便，又另有一笔钱交给商业保险公司投资运营，免除了职工对企业未来支付能力的担心。

2. 一次性支付的数额原则上与职工在本企业工作年限及退休时基本工资高低挂钩。

3. 企业年金按照"预先积累方式"筹集，即制度建立初期多收保险费，积累起一笔基金，待达到一定积累额之后，再按照"支付金额＝保险费＋利息"的公式（收支相等原则）进行支付。

4. 企业年金的大部分费用由企业承担，个人也负担一部分。

5. 企业年金由信托银行和人寿保险公司管理、经营和支付。企业要分别与职工和信托银行或人寿保险公司签订年金合同；职工先将本人应负担的保险费交给企业，再由企业将职工所交费用和企业应负担的费用交给信托银行或人寿保险公司。信托银行和人寿保险公司可以运用这笔资金进行投资，投资方向包括国债、贷款信托、动产信托、股票、不动产以及外汇证券等。企业职工退休后，由信托银行按规定向职工支付退休金。

6. 企业年金的水平有一定限制。企业年金与厚生年金相加不能超过公务员共济年金的水平，并且可以列入成本开支。

国民养老保险制度在政府的前提下运营，投保人在一生中都可以领取养老保险金。这一制度成为人们老年时生活的主要保障，一直发挥着非常重要的作用。

（七）韩国现代养老保险制度的建立

韩国现代社会养老保险制度起始于1960年通过的《公务员养老金法》，1963年通过的《军人养老金法》，1975年通过的《私立学校教师养老金法》和1988年通过的《国民养老保险法》，逐渐建立起比较完整的社会养老保障制度。

1988年的《国民养老保险法》首次以10人以上企业为对象，实施了国民养老保险制度。1992年把这一养老保险制度适用对象扩大到5~9人企业。从1995年7月起实施农渔民养老保险制度。农民、渔民以及居住在农村地区的自营业者均成为养老保险的适用对象。从1999年4月起，国民养老保险的适用对象进一步扩大到城市地区居民。

国民养老保险制度所提供的养老金种类有老龄养老金、伤亡养老金及遗族养老金等。其中，主流是老龄养老金。老龄养老金还包括减额养老金、在职老龄养老金和特例老龄养老金等。

1963年12月韩国制定了《医疗保险法》，一直到1989年7月历时12年才完全实施医疗保险制度。从2000年开始，韩国把原来分散的以行业为主的各种医疗保险统一起来，实施了统一的国民健康保险制度。

1981年6月，韩国制定了《老年人福利法》，1989年12月对其进行全面修改，1993年12月又进行了部分修改。韩国《老年人福利法》的框架同日本1963年制定的《老年人福利法》很相似。修改后的韩国《老年人福利法>规定，国家或地方政府向65岁以上老年人支付老龄津贴。老龄津贴主要以经济困难的老年人为对象，实际上是救济政策的一部分。

1998年7月开始实行了敬老年金制度，对低收入的老年人发放一定数额的养老金。《老年人福利法》的修改内容还包括扩大老年人就业机会，建设老年人住宅，建设老年人福利会馆，向老年人提供免费或低廉的福利设施，鼓励老年人在养老设施养老，同时加强居家老年人的保健福利服务等。

进入20世纪80年代后，韩国确定了面向21世纪的社会福利政策和医疗保障调整政策。作为社会福利政策的发展方向，首先制定《社会保障基本法》，以满足日益增多的福利需求。同时，确立公共福利信息传递系统，挖掘和培育民间福利资源，进一步扶持公共福利事业，继续扩充社会福利服务的供给。近年来，随着人口老龄化的不断进展，韩国老年人社会保障制度所面临的财源以及财政情况仍不容乐观。韩国老年社会保障制度的框架已经基本确立，但不够健全，也不够完善。21世纪的人口老龄化将使韩国老年人社会保障制度面临新的挑战和问题。

（八）新加坡现代养老保险制度的建立

新加坡在20世纪50年代开始建立以养老、医疗为保障目标的中央公积金制度。1955年7月，新加坡中央公积金制度正式建立并实施。1965年8月9日，新加坡共和国宣布成立后，在传统公积金制度的基础上进行调整，形成了其独具特色的中央公积金制度。

第一章
主要国家养老保险制度发展历程综述

1955年7月，新加坡中央公积金制度正式建立并实施。最初，公积金所包括的劳动者是指受雇于同一雇主、时间在一个月以上的工人，不包括临时工及独立劳动者，是一个强制性的储蓄计划，保障的范围也只涉及公积金会员退休或因伤残丧失工作能力后的基本生活。随后，新加坡政府在原有储蓄计划的基础上，又推出了一系列公积金计划，除包括养老保险外，还包括住房公积金、工伤、医疗、教育等方面。

在资金来源及分配上，中央公积金制度规定由雇主和雇员双方缴费，政府只承担让利、让税的义务；雇主和雇员缴纳的所有公积金款项都存入政府依照《中央公积金法令》为每位参加者设立的"个人账户"中，被分别存入普通账户、医疗账户和特别账户，分别用以支付购房等家庭的其他投资及教育信贷、医疗、本人退休后的养老金和应急支出。

在管理上，新加坡的中央公积金计划由中央公积金局统一管理，由劳工部制定有关政策并进行监督。虽然中央公积金局隶属于劳工部，但性质是半官方机构，实行董事会领导下的总经理负责制，依法独立工作，其他部门不得干预其日常事务。中央公积金局的主要业务包括征收费用、保存记录、支付收益和投资所积累的基金。相关投资决定由另外两个非常重要的政府机构执行：新加坡货币管理局和新加坡政府投资管理公司。其中，新加坡货币管理局负责中央公积金对国债和银行存款的投资管理，而新加坡政府投资管理公司既负责把积累的基金投资于国内的住房和基础设施建设等方面，也负责把大量资金投资于外国资产以获取较高的收益，这成为新加坡庞大的外汇储备的一个重要来源。另外，如果公积金计划会员个人希望获得更高的回报率，可以在政府规定的投资工具内，通过法定的托管人（中央公积金局指定的银行）自行投资。

中央公积金存款的利率是由政府决定的，其中，普通账户和医疗账户的存款利率按照新加坡发展银行、华侨银行、华联银行和大华银行这四大本地银行12个月的定期存款利率（80%的权重）和月底储蓄利率（20%的权重）进行加权求和；但从2001年10月1日起，特别账户及退休账户上的存款利率则高出上述名义利率15个百分点，原因是这两个户头上的存款的期限较长。同时，根据《中央公积金法令》规定，中央公积金局保证会员获得的利率不低于25%，特别账户及退休账户上的存款利率可在此基础上得到额外15个百分点。

此外，新加坡还对政府债券的投资有最低回报率的担保，保证利率不低于25%。

中央公积金主要投资于政府债券，以及工业、住宅和基础设施建设，安全性较高，但收益较低。会员根据自己的公积金储蓄情况，在中央公积金局提出的投资计划基础上，独立选择自己的公积金投资计划。在增进投资计划下，扣除最低存款后余额的60%，还可投资于非信托股、基金管理账户、储蓄人寿保险、政府公债等工具。

该制度对促进新加坡社会经济发展，加强政府对经济的调控，维护社会稳定都起到了十分重要的作用，进而成为东亚乃至世界范围内养老保险制度成功运行的典范。

三、演进中的各国养老保险制度

20世纪70年代以后，为应对人口老龄化趋势下不断增加的养老保险开支给养老体系带来的压力，各国纷纷开始对公共养老保险制度进行调整和改革。

西方各国养老保险改革的思路分为两种：一种是以美国和瑞典为代表，它们的做法是保留原有养老保险制度的资金筹集和发放模式，只对其进行修补性调整，引入市场化因素，加入个人责任，使个人也缴纳一部分的养老金；另一种是以智利为代表，它们的做法是对原有养老保险制度的资金筹集和发放模式进行改革，以完全基金制代替现收现付制，新的养老保险制度实行完全市场化的运作。

（一）美国现代养老保险制度的改革

20世纪70年代，随着财政困难、人口老龄化速度加快等问题的出现，美国养老金制度陷入困境。美国政府开始对养老保险制度进行调整和改革，积极探索"三支柱"模式以外的推动力量在养老保险制度中的作用。

进入21世纪，美国养老保险制度的改革趋势，主要有以下几个特征：

第一，养老保障私营化。20世纪70年代以后，美国政府一直把社会养老保险私营化、市场化作为减轻国家财政包袱的主要措施之一。为刺激私营保险计划发展，政府通过立法，实施各项免税优惠政策，加强对私营社会保障业的管理，促进私营社会保障市场的发展。2001年，布什政府通过了《经济增长与减税协调法案》，规定对401（k）计划进行改革，使401（k）计划的私营性质得到加强，规模也得到扩大，养老保险体系的私营化程度明显加强。

第二，年金保险储蓄化。在一些国家社会保险改革的影响下，美国继资源性的雇主责任年金计划改革之后，进一步设计出强制性储蓄和自愿性储蓄相结合的职业年金保险，并将它作为未来美国养老保险的主要保障模式。

第三，雇主责任私人养老金计划不断发展。美国的雇主责任私人养老金计划经历多年的探索和发展，在美国养老保险体系中占重要地位，逐渐步入正轨并带动起国内金融市场的发展与金融工具的创新。据统计，全美私有企业的员工中，48%的雇员参加了至少一种私人养老保障计划。

就美国而言，第一支柱、第二支柱已经基本发展起来，第三支柱随着私人自愿性保险计划的发展也逐步发展起来。

（二）瑞典现代养老保险制度的改革

随着人口老龄化程度的加重，福利费用大幅度上升，从20世纪80年代瑞典开始尝试对国民基本年金进行改革。瑞典的改革呈现出温和的特点，表现为支付标准的"微调"和着力于机制的创新。

改革的内容主要包括两点：

一是严格养老金的领取标准。1994年瑞典议会通过法案，主张改革补充年金制度中以退休前收入最高15年的工资平均工资为基数计发，改为按退休前30年的平均工资为基数计发；调整基本年金"基数"，由以物价指数为标准改为以工资指数为标准；养老金的发放以一生缴费为计算基础而不以历年津贴为计算基础。

二是引入个人退休账户和缴费确定方式。瑞典政府征收工资总额的18.5%作为养老保险费，将16%计入国家的现收现付账户，2.5%计入雇员的基金制的个人退休账户。新制度中缴费者的个人账户部分，由政府管理，但是个人可以决定个人退休账户所积累资金的分配，可以选择私营基金管理者来管理其养老保险基金。瑞典有近500家共同基金是经政府的基金管理局授权可以进行养老保险基金投资。缴费者可以将其个人退休账户上的资金同一时刻最多分配给5家基金管理机构代为管理，也可以自由选择更换养老保险基金管理机构。个人退休账户给付的养老金数额，取决于缴费和投资收益。

消费养老创新模式
>>>——一种新型全民养老保险模式

新制度的现收现付制部分是建立在精算原理基础之上的。每个人退休享有的养老金数额将取决于其一生的收入，给每个人创立了名义账户用以记录养老金权益的积累，名义账户每年的余额主要由缴费者的工资收入和账户的名义回报率决定，名义回报率根据社会平均工资增长率而定。因而，这个制度运行的方式是平均工资增长与养老金权益挂钩的名义缴费确定制。

从总体上来看，瑞典保留了现收现付制的财务模式，只是将养老金待遇给付模式由待遇确定制转向缴费确定制，开发出名义缴费确定型现收现付制（Nominal Defined Contribution）。这种改革避免了现收现付制转为完全基金制时会发生的一系列难题，同时在养老金的给付方式上使用了缴费与给付一一对应的缴费确定制，因而又解决了激励机制的问题。名义回报率是以社会平均工资增长率来确定的，这样的安排使得老年人和年轻人共享经济增长的成果、共同承担其风险。

（三）智利现代养老保险制度的改革

智利在1924年建立正式的公共养老保险制度，其筹资方式是现收现付制。在建立初期，劳动者缴纳的养老保险费超过养老金支付，制度的运行没有任何财务压力。然而随着养老保险制度的逐步成熟，养老金支付的刚性需求迅猛增长。同时，人口老龄化的进程加快，也给智利的养老保险制度带来巨大压力，智利政府决定对养老保险制度进行改革。

改革的主要措施如下：1981年，智利政府决定对养老保险制度进行改革。新的养老金法律规定，在1982年12月31日以前参加工作的人可以在5年之内决定是否加入新制度，而此后参加工作的人则不能选择旧制度，劳动力市场所有的新进入者必须选择私营的完全基金制的养老保险计划。

智利养老保险改革使养老保险制度由现收现付制转向完全基金制，新制度由私营部门管理为主。具体体现在：新制度是强制性的，以正式雇员身份工作的劳动者必须参加改革后的基金制养老保险，并向其个人退休账户缴纳保险费。由私营的养老保险基金管理公司（Pension Fund Administrators）为劳动者建立个人退休账户，并将此账户中积累的资金投资资本市场；个人可以选择养老保险基金管理公司，还可以把他们的养老保险个人账户在不同的管理公司之间转移；当他退休时，个人可以选择购买年金，也可以根据预先设定的计划提取养老金；缴费者退休时根据个人退休账户积累额决定养老金领取额。

在新制度中政府仍然发挥着重要的作用，政府为贫困群体和长寿群体提供最低水平的养老金。那些已经缴纳了20年以上但所积累的基金仍不能满足最低养老金要求的参保者，将从政府得到转移支付，以确保其获得最低养老金保障。

智利政府对养老保险基金投资制定有严格的规定，包括投资范围、投资上限限制、投资市场限制、最低收益保障、收益波动准备金和现金准备金制等内容。如果养老保险基金管理公司濒临破产，政府会在一定限度内对养老金的支付予以保障，政府财政将承担最后风险。

养老保险制度由现收现付制向完全基金制改革的过程中，较好地解决了养老保险制度的转轨成本问题。转轨成本问题的处理是十分重要的，它涉及跨越新老两个制度的劳动者在老制度中所积累的养老权益的确认问题。智利对养老保险制度改革的成本采取透明化的做法，政府承认负有对改革前现收现付制养老金积累的偿付责任，政府通过发行"认可债券"的方式对劳动者在旧制度中所缴纳的保险费和养老权益予以确认，将其存入劳动者个人退休账户。"认可债券"所反映的旧制度中已经缴纳了一定年限的养老保险费、改革后进入新制度的劳动者在旧制度中的积累，这种债券被储备到现在工作的劳动者的退休账户中，通过此部分人的老化而得到逐步的自然解决。

智利养老保险制度改革取得了令人瞩目的成绩。改革不仅彻底改变了现收现付制下的财务危机，还使得公共养老金支出、养老金的债务负担以及工薪税都处于较低的水平，并对增加国民储蓄、提高劳动力市场的竞争性方面起到了促进作用。养老保险制度改革对智利的经济产生了积极影响。智利对养老保险基金引入竞争机制，提高其运营效率，政府适宜地转变了对养老保险基金投资的监管方式，以及政府对养老保险转轨成本的处理，都是值得其他国家借鉴的。

(四) 英国现代养老保险制度的改革

英国养老保险改革一贯采取"先规范后发展"的原则，往往一项法律或政策，经过充分的民主讨论、专家评审和征求意见后才出台。

1986年，英国颁布社会保障法，对社会养老制度进行了重大调整。该法

# 消费养老创新模式
>>> ——一种新型全民养老保险模式

首先通过修订"国家收入关联计划",降低国家养老金支付水平,以减少政府养老负担。调整"职业养老金计划",允许雇主机构设立"缴费确定型"而不是"待遇确定型"的职业养老金计划,为小企业主设立职业养老金计划提供了方便。引入"个人养老金计划"。"个人养老金计划"是1986年社会保障法最引人注目的地方,也是英国养老金体制中的一个创新。个人养老金不是由国家提供,也不是由雇主提供,而是由保险公司和其他金融中介机构负责设计并提供给个人选择的养老金计划。

英国的养老保险制度由"三支柱"构成。第一支柱是实行现收现付的国家养老金计划,由国家基本养老金计划和国家补充养老金计划两部分组成。

其中,英国国家基本养老金保险计划缴费通过征收国民保险费的方式实现。任何有工作或个体经营者,只要向英国社会保障部的缴费署缴纳国民保险费(National Insurance Contribution,简称NIC),在达到国家法定退休年龄后即可领取。英国国家基本养老金实行每年增长的调整机制。目前规定增长水平只与物价水平挂钩,与工资增长幅度不关联。

国家补充养老金计划是为了弥补国家基本养老金的不足而提供的养老金,其目标人群是中低收入者以及看护长期患病或身体残疾者的从业人员。英国政府于2002年开始实施国家第二养老金计划(S2P),致力于为中低等收入者、特殊职业者和带有终身疾病或残疾的人提供更加优厚的补充养老金保险。国家补充养老金计划还设定了"协议退出"机制,明确规定如果雇主为雇员提供职业养老金计划,可满足雇员获得最低保证的养老金时,雇员可以"协议退出"国家收入关联养老金计划。

第二支柱由职业年金计划和强制性的个人年金账户(APPs)构成,它是英国养老保险体系中最重要的组成部分。在英国,国家基本养老金仅保证职工退休后的最低生活需要,其替代水平较低,退休待遇主要依靠职业年金来满足。很多企业为职工设立了多种类型的年金计划。一些内部人员流动性较强的行业,则由行业内雇主发起设立行业年金计划。同时,还有为公务员和公用事业的职工专门设立的公共事业年金。

第三支柱是个人自愿性的商业养老金计划,通过个人购买商业保险,为个人退休后继续维持较高的生活水平提供保障。

自进入 21 世纪以来，英国养老保险制度改革一直在继续。

(五) 日本现代养老保险制度的改革

根据日本总务省 2004 年 9 月 19 日公布的人口推算数字显示，日本全国 65 岁以上老龄人口已占到总人口的 20%，平均寿命为 82 岁，其中，日本 90 岁以上的高龄人口达到了 101.6 万，并且日本社会老龄化的趋势将进一步加剧。据推算老龄人在今后 10 年内可能达到总人口的 25%，到 2030 年将达到 28%，到 2050 年将达到 33%。目前，每 4 个工作人员养一个老人；到 2025 年，每 2 个工作人员养一个老人；到 2050 年，每 1.5 个工作人员养一个老人。从上面的数据可以看出，现代的工作人员的养老保险费负担显然大大加重了。在人口老年化的形势下，旧的养老保险制度已不能为更多的老年人提供必要的社会保障。所以日本养老保险制度改革是人口老年化的必然结果。

据统计，目前日本大约有 1/3 的被保险者拒缴或滞缴保险金。其主要原因有：第一，由于贫困、失业、疾病等，没有缴纳保险金的能力；第二，主要是由于中青年对现行的国民养老金缺乏信赖，有缴纳能力但不愿意缴纳，认为他们所承担的高额养老保险费很大一部分用于当代养老费用支出。而由于近年来出生率下降，人口老龄化上升，当他们年老时，新的一代年轻人几乎无力承担逐步膨胀的老年人群的养老负担。他们越来越对国民养老保险制度产生怀疑，如果这种状况继续下去，国民养老保险制度将名存实亡。

为了解决国民养老金出现空洞化问题，也需要对养老保险制度进行改革。

1. 对养老保险的管理及运营方式进行改革

管理和运作养老基金实现其保值增值对养老制度的正常运行至关重要。日本政府以前在基金管理和运作中一直比较保守。控制基金直接进入资本市场，而且信贷资金受到很多限制，其基金运作结果基本呈赤字状态。日本为了解决在基金管理方面的弊病，组建了年金经营基金会，扩大民间和精英人才对基金管理和经营的参与，引进竞争机制，有计划、有步骤地将养老保险基金引向资本市场。为了加强资金运作的安全性，特设投资专门委员会，对直接进入资本市场的资金进行严格调查和审核。与此同时，推行国际财会标准制度，将经营状况的一切信息彻底公开，接受国民及国际社会的监督。

2. 推迟养老金的支付年限

消费养老创新模式
>>>——一种新型全民养老保险模式

为了缓解人口老年化给社会带来的压力，推迟养老金的支付时间，具体方法为：将养老金的领取时间逐渐推迟到65岁，每3年提高1岁，男性从2013年开始到2025年结束，女性从2018年开始到2030年结束。这一改革将有效地减少养老金支付的数量。

3. 扩大保险基金的来源

在养老保险金财源相对不足的情况下，首先日本将加入养老保险的年限由以前的25岁降低到20岁，延长了养老保险金缴纳时间；其次，扩大养老保险金的缴纳基数，即工资收入和奖金收入同时纳入保险金缴纳基数；最后，对在职老年养老金也做了修改，规定在职养老金的对象包括65~69岁的公司职工，这些人也要缴纳保险金；与此同时，加大基础养老金的财政负担率，从原来的1/3提高到1/2。

4. 推行老年看护保险制度

自20世纪90年代以来，日本社会随着人口老龄化的进展和子女的减少，家庭越来越不能承担对老人的照顾和护理。随着老年人不断增长，高龄老人的医疗保险费不断增加，2000年4月，日本政府为了有效地解决老年人的生活和医疗问题，实施了老人护理制度。这是由于社会老龄化而出现的一项新的社会保障制度，具有强制性的特点，其保险对象为40岁以上的公民，其内容包括对投保人进行医疗保健、心理护理、日常护理与帮助、健康推进、疾病预防、医疗看护、环境保健等。老年看护制度的实施有效地解决了老年人的生活和医疗问题，是社会养老保险的重要组成部分。

（六）俄罗斯现代养老保险制度的改革

俄罗斯养老保险制度改革，经历了由延续苏联时期的现收现付制转变成符合俄罗斯国情的"三支柱"养老保险体系。俄罗斯"三支柱"养老保险体系有利有弊，但这种养老保险体系的形成和运行本身有重要的社会意义和作用，值得借鉴。

在苏联时期，由于实行的是高度集中的计划经济体制，国家实行大包大揽、统一筹资集中管理，职工只要到了退休年龄（男60岁、女55岁）不需缴费都可以领取国家养老金，国家和企业包揽了养老保险的全部费用，实行现收现付的保险制度。因此，苏联实行的养老保险制度是典型的计划经济的产物。

第一章
主要国家养老保险制度发展历程综述

俄罗斯养老保险制度必然要改革的主要原因是苏联解体后，俄罗斯的社会制度已发生根本变化，原来以国家所有制为主体的制度已被废弃，取而代之的是完全的私有制，市场经济已完全取代了计划经济体制。这样，原来的养老制度无法适应社会政治经济的转型，改革势在必行。俄罗斯养老保险制度改革的主要目的是摆脱以前完全依赖国家的福利模式，建立一种适应俄罗斯国情的、以私有制和市场为基础的养老保险制度。

20世纪90年代初，俄罗斯政府为了适应经济发展的需要，确立了国家社会保障的基本原则，建立了与市场经济相适应的养老保障制度。

自1997年起，俄罗斯政府开始吸纳世界银行的"多支柱"养老保险改革思路。同年，新版本养老保险制度形成了"三支柱"的体系。所谓"三支柱"养老保险体系，即俄罗斯的养老基金来源由国家、企业和个人三方分担。雇主按工资总额的31.6%缴纳，农场主按20.6%缴纳，个人和公司职员按本人工资的5%缴纳，其他人按1%缴纳。

通过一系列的措施，俄罗斯初步改变了过去主要依靠国家预算拨款的状况。但随着人口老龄化的加剧，就业人数日益减少，企业缴费下降，退休人员增多，国家养老基金的赤字越来越大。基于这种情况，2001年年初，普京总统下令成立养老金改革专家国民理事会，它由立法机关、总裁、社会组织、主要的政治力量和贸易联合会组成。理事会监督改革过程，展开对养老金改革问题的深入和具体的讨论，考虑并平衡支持或反对改革各方的意见和建议。新一轮的养老制度改革于2001年1月开始起草法案，自2001年12月5日起，议会通过《劳动老残恤金法》和《强制老残恤葬保险法》，对现行的养老金制度进行了改革。2002年1月1日法律正式生效。按照政府制定的三阶段远景规划，2002年，养老基金完全由政府管理，即个人向俄联邦养老基金供款，再交由国家任命的代理人投资OFZ债券；2003年，养老基金将供款转入个人账户，个人可选择将基金转出至经政府授权的资产管理公司如银行经营，或是继续留在养老基金中；2004年，雇员有权进一步选择公司进行投资和将个人账户中的养老金资本转入私营养老基金。

新的养老保障制度是"三支柱"体系。第一支柱社会养老保障，仅提供给无力缴纳养老保险费的特困人群，由政府财政予以融资，其实是政府的救助措施。第二支柱强制养老保险,是养老保险体系中最为重要的部分,为所有退休工人建立个人账户,提供养老保障,其资金来源于缴费和基金收益。第三支柱补充养老保险,是私人管理的退休计划,所有工人都可以自愿参加。为了进一步鼓励补充养老保险的发展,俄政府还采取一些税收减免措施。目前,统一社会税按工资总额的35.6%征收,其中,28%用于养老基金,4%用于社会保险基金,3.6%用于强制医疗保险基金。其中,用于养老基金部分的50%要作为养老金基础部分的保险费交入联邦财政部门,并通过联邦财政预算的方式予以发放,另外一半作为养老金保险和积累部分的保险费。这些都标志着俄罗斯对现收现付的养老保险制度进行了根本性的变革。

"三支柱"养老保险制度基本上符合俄罗斯的国情,基础部分的养老金在一定程度上体现了立足普遍退休者利益的制度特征,有利于俄罗斯的政治和社会稳定;保险部分与积累部分的养老金体现了效益原则,使劳动者的养老金待遇与工作期的缴费相连,有利于劳动者工作和缴费积极性的提高,有利于经济的恢复和发展,但同时也存在一些负面因素。

第二节 对现代养老保险制度理论基础的分析与评价

经济学理论为社会保障研究提供了理论基础,对社会保险制度的建立和社会保障模式的演变产生了重要影响。在世界各国养老保险制度的发展过程中,深受各个时期的经济学理论的影响,尤其在政策设计、制度安排、模式选择方面起到了导向作用。从早期的福利国家、福利经济学,到凯恩斯经济学,以及新古典经济学的老年保障理论等,在社会保障制度研究和制定上都起到了重要的作用。这里进行简要介绍和分析。

一、福利经济学理论

19世纪中叶,新历史学派和费边学派提出"福利国家"的设想,他们主要强调和证明了建立社会保障制度的客观必要性。福利国家思想提倡通过养老金、抚恤金等方式进行国民收入再分配,从而促进国民收入的平等化,使国家福利实现最大化。费边社会主义中的福利思想为后来福利国家的兴起和发展提供了理论基础。

20世纪初,庇古创立了福利经济学,并于1920年出版了《福利经济学》(The Economics of Welfare)一书。福利经济学主张国家实行养老金制度和失业救助制度,以扩大社会救济支出,认为实行具有收入再分配性质的社会保障政策可以扩大一国的"经济福利"。庇古的这种理论对西方社会保障制度的产生和发展起到了一定的推动作用。

19世纪末至20世纪初,正是在福利国家和福利经济学思想的影响下,西方国家诸如德国、英国、法国等,开始逐步建立包括养老保险制度在内的社会保障制度。各国通过颁布一系列的法律,逐步建立起现代养老保险制度,在全国范围内实施带有福利和救济性质的养老保险制度,保障丧失劳动能力的老人能够领取养老金获得基本生活保障。通过不断改革和调整,养老保险制度在覆盖人群和给付水平上不断提高,从而承担起更大的社会保障责任。

二、凯恩斯经济理论

1936年,由凯恩斯(John Maynard Keynes)出版的《就业、利息与货币通论》(The General Theory of Employment, Interest and Money)为社会福利政策的实施提供了理论根据。

第二次世界大战之后,凯恩斯经济理论对社会保障制度产生了重要影响。凯恩斯提倡政府干预,认为通过政府有意识的财政支出与收入来影响消费倾向。通过个人间的财政转移支付,对失业者、贫困者以救济,从而刺激消费需求。因此,在凯恩斯理论体系框架的基础上,社会保障逐渐由一种救残助缺的措施演变成了一种财政政策的内在稳定器,具有促进经济稳定和经济均衡的效应。

凯恩斯学派论证了社会保障在宏观经济中的短期均衡效应和长期均衡效应。短期来看,穷人的边际消费倾向高于富人,应通过向富人增加税收,然后转移支付给低收入者以减少储蓄,增加消费支出,从而实现宏观经济的均衡。长期来看,经济繁荣时期企业与个人收入都有显著的提高,企业和职工的缴费以及政府的收入会迅速增加，通过减少社会保障支出，从而抑制私人消费需求和投资需求的过度增加；在经济萧条时期，企业利润与个人收入增长放缓，企业和居民的缴款以及政府的税收难以增加，通过增加社会保障支出刺激消费需求与投资需求的增加，从而使经济运行走出萧条的低谷。

之后，关于社会保障经济理论的研究，又有了一些新的见解，主要包括新剑桥学派的社会保障经济理论。"二战"以后流行于英国的新剑桥学派认为，分配失调是一切社会问题的症结所在，从改善收入分配出发论证了社会保障制度实施的必要性。其代表人物罗宾逊夫人从资本主义收入分配的不合理性出发，主张用累进税改变分配结构，给低收入家庭以补助，加强社会福利等社会保障措施以解决国民收入分配不均的问题。

三、新古典经济学老年保障理论

新古典学派的老年保障理论，强调依靠市场机制本身来实现老年保障的筹资，力图削减政府在社会保障领域的义务并相应增加个人的责任。这为20世纪70年代的现代养老保险制度改革提供了新的理论导向。

新古典经济学老年保障理论是借助于西方经济学的各种新分析工具和假设，将老年保障的研究从以往的社会福利理论中分离出来，形成独立的、系统化的老年保障理论。新古典经济学老年保障理论对老年保障问题的研究从生命周期效用最大化出发，倾向于分析老年保障制度安排与各种经济变量之间的相互影响，主要是劳动力供给、个人储蓄和国民储蓄、金融市场等经济变量的相互影响。

新古典学派强调发挥老年保障制度的储蓄功能，认为能够适应老龄化危机的老年保障制度应当建立在基金积累制的基础之上，以防止国家在养老金支付上出现财政危机、防止出现跨期数代人间的巨额转移，并重视养老基金的投资，争取较高的收益，增加未来养老基金的支付能力和水平。

新古典经济学老年保障理论的理论基础包括：（1）消费者行为理论，该理论主要包括凯恩斯绝对收入假说和杜森贝里相对收入假说，主要涉及考察消费者如何配置自己的收入达到效用最大化。（2）生命周期假说，是美国莫迪利安尼等人提出的消费理论。该理论认为理性的消费者在中年工作时期进行储蓄，为退休后消费准备资金。因此，家庭在每一时点上的消费和储蓄决策反映了家庭在其生命周期内谋求达到消费理想分布的努力，而家庭的消费要受制于该家庭在其整个生命期间内所获得的总收入。生命周期理论为研究养老金和总储蓄的关系奠定了微观的理论基础。(3) 世代交叠模型，由阿莱、萨缪尔森、戴蒙德等人所创立，它进一步考察了每代人在不同时期和不同代人之间的交易关系，该模型可以进一步揭示包括养老保险在内的社会保险对资本积累和社会福利产生的影响。(4) 理性预期、信息经济学、公共选择理论在新古典老年保障经济理论中得到广泛的利用，成为其分析资本市场和保险市场、养老金体制中的道德风险与逆向选择问题等领域的基本分析工具。

20世纪70年代，面对老龄化的挑战，新古典学派主张对传统的现收现付制的社会养老保险体制进行改革。他们认为现收现付制在老龄化的冲击下，已经不能够满足实际的需要，不仅无法有效防止老年人贫困，也加大了各国的财政负担，并抑制了国民储蓄，最终妨碍了经济增长。因此，要对第二次世界大战以后形成的国家福利制度进行彻底的改革。改革的方向是强调企业和个人在养老金筹集方面的作用，减轻政府财政负担仅提供基本养老保障。政府的作用，主要体现在为养老保险制度提供法律和规则制度方面的公共支持体系。

在具体的改革措施方面，提出建立多支柱的养老金体系，即国家的公共养老金计划、强制性的个人账户和个人的自愿养老储蓄。同时，削减公共税收，依靠市场机制、尝试私人管理、提高老年保障制度对资本积累和经济增长的支持。新古典经济学老年保障理论为"三支柱"养老保险制度提供了理论支持。

四、福利多元主义

1978年，英国《沃尔芬德的志愿组织的未来报告》中提出了"福利多元主义"思想。之后，罗斯在《相同的目标、不同的角色——国家对福利多元组合的贡献》一文中详细介绍了福利多元主义的概念和内容。福利多元主义主张福利的来源应该多元化，福利是全社会的财物，因此，社会福利的规则、筹集和提供应该由不同的部门共同负责、共同完成，而不是只局限于单一的政府部门。

罗斯认为，市场、雇员、家庭和国家都要提供福利，放弃市场和家庭，让国家独自承担福利责任是错误的。市场、国家和家庭作为单独的福利提供者都存在一定的缺陷，因此，三个部门联合起来相互补充、扬长避短。国家提供福利是为了纠正"市场失灵"，国家和市场提供社会福利是为了纠正"家庭失灵"，家庭和志愿组织提供福利是为了补偿市场和国家的失灵。福利多元主义还提出志愿组织、社区也是福利的重要来源。

福利多元主义是将福利的主体多元化和分散化，这对养老保险制度的改革有着重要的借鉴意义，尤其是在养老金的筹集方式上，多元化的养老金来源可以分担国家财政负担，也可以弥补单一国家养老模式下覆盖范围不足、给付水平不高的弊端。福利多元主义提出市场应该成为福利的提供者之一，这也为从市场上募集养老金提供了重要的理论依据。

第三节 世界主流"三支柱"模式的形成

世界各国在经历了20世纪70年代以来的养老保险制度改革后，逐渐建立起国家、企业和个人参与的养老保险体系。世界银行在总结了欧美各国养老金改革经验的基础上，提出了养老保险"三支柱"模式。这一模式成为当今世界各国养老保险制度的主流模式。

一、"三支柱"模式提出的背景

20世纪七八十年代，在人口持续老龄化、家庭少子化、经济增长乏力等因素的影响下，欧洲国家原来的养老体系就受到冲击，以现收现付制为主的养老金制度面临着财务平衡难以持续、国家财政负担不断加重的挑战。

于是，各国陆续启动了养老保险制度的改革。由于所面临的问题大致相同，各国的改革尽管节奏有缓有急、步伐有大有小，但几乎呈现出一致的路径，即在削减现收现付制公共养老金的同时，引入基金积累制的支柱，形成"三支柱"的养老金体系，变以往由国家包揽养老责任为由国家、企业和个人三方分担养老责任，从而缓解现收现付制的财政压力，确保养老制度的可持续。

在这样的背景下，世界银行在总结了欧美各国养老金改革经验的基础上，于1994年10月发布《防止老龄危机——保护老年人及促进增长的政策》（Averting the Old Age Crisis: Policies to Protect the Old and Promote Growth）的报告。该报告总结了三种主流的养老金类别，包括公共养老金计划（第一支柱）、职业养老金计划（第二支柱）和个人养老金计划（第三支柱），强调要通过建立多样化的养老金资金来源来使养老保障同时具有再分配、保险和储蓄三项功能，从而分散养老风险以应对老龄化社会带来的问题。

此报告在学术研究和政策制定领域均引起了很大反响。此后，以欧洲国家为代表的许多国家在改革养老金制度的过程中普遍借鉴了世界银行的建议，即在为减轻财政压力而削减公共养老金的同时，根据各国的实际情况，增建符合本国国情的基金制的"第二支柱"和"第三支柱"。

二、"三支柱"模式的内容

养老制度按照养老金主要资金来源的不同，可以分为全社会共同承担的"第一支柱"，雇主和员工分担的"第二支柱"，以及个人承担的"第三支柱"。

第一支柱是指由政府来授权、资助、管理和担保的公共养老金计划，其目的在于给绝大部分退休人员提供最基本的养老保障，资金来源主要是社会保障税的征收和政府财政的社会福利支出（由政府来担保养老金的给付）。一般而言，其采用现收现付制，且个人养老金待遇不和个人养老金缴交额度挂钩，由此具有收入再分配和代际再分配的功能。

"第二支柱"是由雇主和员工协商实施的职业养老金计划，其的目的在于帮助雇主吸引和留住员工，由雇主和员工个人共同缴费和承担风险，由雇主委托金融机构来运作和管理养老金，政府的作用主要体现在提供税收优惠和监管等方面。可分为待遇确定型（Defined Benefit，简称DB型，规定退休后每期领多少钱）和缴费确定型（Defined Contribution，简称DC型，规定在职时每期缴多少钱，退休后领取额度由本金投资收益决定）。

"第三支柱"是个人养老金计划，其采用基金积累制，且为缴费确定型，风险由个人承担。个人养老金计划在马来西亚、新加坡和一些非洲国家由政府强制实施和管理，在智利、阿根廷、哥伦比亚和秘鲁等国则由私营机构市场化运作，并一般享受税收优惠。

三、"三支柱"模式的资金管理

针对养老金的管理提出了三种基本的管理模式，包括现收现付制、基金积累制和部分积累制。

1. 现收现付制是指当年养老金筹集的缴费收入全部用于养老金的发放支出，基本上不留积累基金的管理模式。该模式的具体做法是：在养老金的支出方面，确定职工退休后的养老金发放办法和待遇标准，并根据退休职工的总人数作出当年需支付的养老保险费用的测算；在养老金的收入方面，根据"以支定收"原则，确定参加保险的企业和职工按照养老金缴费基数的一定比例缴费，使养老金的收入和支出基本平衡。

目前，世界上绝大多数国家实行的是现收现付制的养老金制度。根据保障类型的不同，又可分为英国、瑞典等社会保障制度，德国、日本、美国等传统型社会保障制度。英国、瑞典等福利型国家的养老金筹集及计发，坚持"普通性"的保障原则。德国、日本、美国等国家的社会保障制度坚持"选择性"的保障原则，社会保障的待遇给付标准与劳动者的收入和社会保障交费相联系，强调劳动者个人在社会保障方面应承担的责任。

2. 基金积累制的养老金筹集及计发研究。完全积累模式（Fully-Fundedsystem）又称基金制模式，是近年来较受人们推崇的一种社会保障模式，该模式将各年养老金筹集的缴费收入完全用于养老基金积累，并全部记入职工个人账户，用于支付未来的债务，使总的缴费收入加上投资收益在任何时候都足以现值付清全部当期债务。

具体的做法是：职工从就业开始按工资的一定比例或按定额进行养老保险缴费，所在企业或单位也为职工缴纳一部分，两部分缴费形成养老保险基金，由社会保险机构为职工建立个人账户，并将职工及其所在单位的缴费全部记入职工个人账户，缴费所筹集的资金交给养老保险经营机构进行投资以确保增值。职工退休时，按其个人账户储存额（包括缴费及利息收益）的一定比例确定支付标准，按年或按月领取养老金，直至身亡。支付标准按职工退休后平均余寿内保证满足支付的要求确定，职工不足平均余寿身亡的，其个人账户养老金余额可以由法定继承人或指定受益人继承；职工寿命超过平均余寿的长寿者，其个人账户储存额全部支付完后，可由社会保险机构支付养老金，直至身亡为止。由此可见，完全积累模式是一种以个人账户自助为主、社会互济为辅的模式。

基金积累制是国家强制实施的个人养老储蓄制度，通过建立个人账户，企业和个人缴费全部进入个人账户，退休待遇水平完全取决于账户基金的积累额，账户基金可以进行投资。这种模式可以较好地解决人口老龄化问题，并为经济建设提供大量资金。同时，从现收现付制到基金积累制，养老基金将产生巨额积累，面临着保值增值的压力。

目前，在世界范围内实行基金积累制的国家主要有智利和新加坡两个国家。20世纪80年代，智利开始对其原有的社会保障制度进行改革，建立了以个人账户为基础的完全积累模式，并将养老金交由民营机构运作，此即"智利模式"。个人账户强制储蓄，雇员按月缴纳养老保险费（月工资的10%），缴费金额全部记入个人账户。雇主不缴费，不需要承担供款义务，政府承担最终风险。雇员可自由选择基金管理公司，并向其支付一定比例的管理费。

新加坡的养老金筹集及计发新加坡中央公积金制度（CPF）是政府立法强制个人储蓄，采取完全积累模式和集中管理模式的社会保障制度。也就是说，新加坡建立的是以个人账户为标志，强制储蓄的保障模式。中央公积金的来源主要由企业和个人两方承担，而政府只给予让利、让税的优惠。

3. 部分积累制的养老金管理方式。部分积累制是现收现付制与基金积累制的混合形式，集合了现收现付制与基金积累制的优点。该方式按当前的实际需要，加上一定的储备因素来提取养老保险基金，既在相当长的时期内保持收支平衡，又可根据经济负担能力的变化较灵活地选择和调整基金积累率。

我国自20世纪90年代以来实行的统账结合，就是这种形式的养老金管理模式。1997年国务院颁布了《关于建立统一的企业职工基本养老保险制度的决定》，成为确立社会统筹和个人账户相结合的城镇职工基本养老保障制度的起点。具体做法是：第一支柱基本养老金由基础养老金和个人账户养老金组成，基础养老金由企业按照一定的比例进行缴纳，实行现收现付制。个人账户养老金由个人缴纳，不足部分从企业缴费中划拨，这部分养老金实现基金积累制。

四、"三支柱"模式的扩展

世界银行在其2005年出版的《21世纪的老年收入保障——养老金制度改革国际比较》（Old-Age Income Support in the 21st Century: An International Perspective on Pension Systems and Reform）中，将"三支柱"重新定义为"五支柱"：

- 零支柱：非缴费型（全民养老金或社会养老金），提供最低保障水平；
- 第一支柱：缴费型，与不同工资收入水平相关联，旨在发挥某种收入替代水平；
- 第二支柱：强制性的，个人储蓄账户式；
- 第三支柱：自愿性的，形式多样，强调灵活性和自由支配（个人和雇主发起的、待遇确定型和缴费确定型的）；
- 第四支柱：向老年人提供的非正式的家庭内部或代际之间的资金或非资金的支持，包括医疗卫生和住房方面的支持。

世界银行2005年提出将"三支柱"扩展到"五支柱"，其主要目的是对过去11年来各国的实践做了一次总结，并将其再次推荐给各国作为参考。扩展到"五支柱"以后，我们可以看到，增加的两个支柱是"零支柱"和"第四支柱"。其中，"零支柱"是以消除贫困为明确目标的来自财政转移支付的基本支柱，"第四支柱"是"非经济支柱"，它包括其他更为广泛的社会政策，如家庭赡养、医疗服务和住房政策等，使得风险更加分散化了。

综上所述，世界银行提出的"五支柱"，每个支柱都具有自己的特征，都能够应对特定类型的风险。一个由尽可能多的要素组合而成的综合性养老保障制度不仅可以满足不同人群的需求和偏好，而且能够分散各种风险，从而为老年人提供充足的退休收入。例如，"零支柱"和"第一支柱"由政府承诺的待遇水平易受人口老龄化和政治风险的影响，但"第二支柱"和"第三支柱"的制度安排可以有效地缓解这些风险；又如，雇主发起的自愿性"第三支柱"的企业年金易受工资收入变动和就业流动性的影响，但"第一支柱"和"第二支柱"的存在则可以抵消这种影响。同时，世界银行还指出，虽然养老金制度应由尽可能多的支柱组成，但由于各种各样的原因，支柱的具体数量及构成要取决于各国的取向以及交易成本的水平和影响程度。这是因为人们日益意识到多支柱养老金模式的实施条件和实施程度非常重要，多支柱模式既可"量身定做"，也需讲求策略，分步实施。因此，多层次多支柱的养老金体系正在成为越来越多的国家的首选。

第四节　对现代养老保险制度的评估：经验、问题与发展趋势

现代养老保险制度自建立起一个多世纪以来，一直处于不断发展和变革中。基于不同时期、不同的经济学理论影响，养老保险制度在法律法规、制度设计、资金筹集和发放方面进行了不同程度的调整。由单一的养老保险制度逐步走向多支柱、多层次的养老保险制度，由国家福利性的养老保险制度逐步走向市场化的养老保险制度。这一系列的变革背后，是社会经济的不断发展和人口结构变化所带来的养老需求的变化。养老保险制度是市场经济发展到一定阶段的产物，它随着市场经济的变化而不断调整变化。

一、世界各国养老保险制度改革的经验

对以往的养老保险发展历程和演进史进行总结和分析，可以为今后养老金制度创新提供宝贵的经验。这里我们对以往养老保险制度的经验总结如下：

第一，现代养老保险制度建立均由国家通过严密的法律体系作为后盾，确保其法律地位和运营的规范性。德国1889年颁布《伤残和养老金保险法》；英国于1908年颁布《养老金法》、1946年颁布《国民保险法》；美国在1935年颁布《社会保障法案》；法国在1910年出台《社会保险法议案》、1945年新政府又颁布《社会保障法典》；日本根据不同保障类型制定不同法律，先后颁布《国民年金法》《厚生年金法》《健康保险法》等；瑞典的社会保障制度更是健全，各项保险和社会福利保障都分别制定了相应的法律、条例。新加坡是由国会通过的公积金法令作为公积金筹集、运营的基本法律依据。

消费养老创新模式
>>>——一种新型全民养老保险模式

第二,现代养老保险制度深受各个时代经济学理论的影响。各个国家养老保险政策的制定和养老保险模式的选择,同当时的经济学理论密不可分。早期由于受到福利经济学的影响,欧美各国在20世纪二三十年代建立起由国家救济和补助为主的福利型养老保险制度。第二次世界大战之后,凯恩斯经济理论的出现,国家养老保险制度经历了新一轮的改革,建立起强制缴费的企业和个人承担一定责任的养老制度。随后随着新古典经济学老年保障理论的发展,养老制度逐步完善和发展,在20世纪七八十年代的改革中逐步建立起由国家、企业和个人共同分担责任的"三支柱"模式。可见,经济学理论在养老保险制度的改革中发挥了重要作用。

第三,现有养老保险制度虽然在类型和模式上不尽相同,但都具有严密的、分工明确的社会保障管理机构和管理体系,从而确保了养老保险制度的有序运行。以法国为例,法国的养老基金征收是由"社会保险和家庭补助征收联合会"负责,基金拨付是由社会保障中央基金管理局协调安排,基金管理是由独立于国家之外的带有私营性质的公益部门养老保险全国基金会进行经营,实行收支两个机构、两条线管理,各司其职,互相监督和制约。企业注册登记后,其雇工人数、工资水平等详细资料均被要求登记入全国统一的企业管理电子信息系统。

第四,各国养老保险制度虽然历经改革,诸如德国、英国和法国的养老保险制度,改革的次数比较多、结构也相对复杂,但改革过程较为顺利,新制度同原有制度可以进行有效衔接,没有给国家带来太大的改革成本。总结其经验,这是因为一方面是有法律的保障,另一方面是大多数的改革是在原有制度上的补充和完善,因为不改变原有的养老保障体制,而是出台新的政策来补充养老金的资金来源和给付办法,因此,改革进展得比较顺利。

第五,养老保险制度的变革由单层次不断向多层次演变。在养老保险制度建立初期,主要由国家来承担养老保障的责任。国家通过税收缴纳和财政拨款来筹集养老金,建立起福利型养老保险制度。但随着人口老龄化的出现,单一的养老金来源和保障制度给国家财政带来很大的负担,甚至出现不可持续性,因此各国开始建立"第二支柱"由雇主和个人参与的职业年金制度,以及以个人养老金制度为主的"第三支柱"。世界银行在2015年则提出由"三支柱"

模式扩充到"五支柱"模式,即多层次养老保险制度。

第六,养老保险制度改革的目标,是逐步提高养老保障的覆盖范围和提高养老保障的给付水平。养老保险制度起源于对退休工人的一种福利制度,因此它一开始主要针对在职人员,对于自雇和非在职人员则享受不到这种社会保障制度。但在养老保险制度的改革的过程中,不断调整政策,将尽可能多的国民纳入养老保险制度的覆盖范围,充分体现社会保障的"普遍性""公平性"和"平等性"。未来建立覆盖全民的养老保障,则是长远发展目标。同时,通过建立多层次养老保险制度,有助于提高养老保障的给付水平,在国家提供基本养老保障的基础上,其他层次的养老保障则为国民提供了更多的可选择空间,满足个人多样化的养老需求。

二、现代养老保险制度存在的问题和改革的方向

一个世纪以来,各国在养老保险制度的实践过程中,形成了一定的模式,其主要特征是以国家拨款、企业和个人强制缴款作为社会养老保障制度的资金来源,并形成了现收现付、完全积累和部分积累三种财务模式。这三种财务模式无一不是以单一货币资本作为支撑。

在这种财务模式下,养老保险制度存在的主要问题是融资困难、资金短缺,难以实现养老保障制度的预期目标,许多国家普遍存在覆盖率不高、养老保障水平偏低甚至还经常发生给付困难的状况。尤其是近年来,在全球金融危机的影响下,各国经济出现不同程度的波动,加之不断降低的人口出生率、不断提高的预期寿命以及不断提前的退休年龄,老龄社会正在以不可阻挡之势加速到来,使许多实行现收现付保险制度的国家面临严峻的融资危机,甚至难以为继,这是一个多世纪以来许多国家养老保险制度难以解决和未能解决的一个痼疾。

必须认识到,养老保险制度是市场经济发展到一定阶段的产物,是市场经济的一个重要组成部分。我们必须把保险业的发展置身于市场经济大背景下,将保险业还原于整个市场经济,才能对保险业的现状作出深刻的分析,才能找出今后发展的根本途径。根据以往养老保险制度改革的经验,新的市场经济理论可以为养老保险制度的改革提供新的思路。本书将引入消费资本论作为养老

保险制度的理论基础，在此基础上寻找到养老金的来源和渠道，推动养老保险制度的改革和创新，以适应人口老龄化社会的需要。

三、世界各国在养老保险制度的发展历程中，还存在亟待解决的一些问题

首先，长期以来各国养老保险专家始终没有建立起养老保险业自身的专属理论，也没有找到靶向明确的、科学的经济理论支撑，从而使在关于养老金的研究过程中和在养老保险制度的实施过程中，常常处于误区之中。

一是由于没有真正全面、准确地实践养老金和养老保险的全部内涵，而形成的发展误区；二是由于缺乏自己专属的理论或者科学的靶向明确的经济理论支撑，而形成的发展误区；三是由于传统的惯性思维，而形成的发展误区。

其次，他们出台的政策和提出的养老保险举措，所依据的理论诸如福利国家、福利经济学、福利多元主义和新古典经济学保障理论等，都是植根于经济发展的单一环节而形成的不充分的市场经济理论，他们研究的是社会部分成员的经济行为和权益，而不是社会全体成员的经济行为和权益，所以，所提出的养老金的内容和养老保险制度是不全面的，具有明显的局限性。

再次，以往一些保险专家在研究如何解决养老保险的根本矛盾和问题时，长期以来习惯于就行业本身分析问题，就保险谈保险，习惯于从行业自身范围内，寻找解决问题的办法。这种思维导致人们长期局限在一些具体操作方法和技术层面上，难以触及根本性的问题，养老保险也就难以实现实质性的突破。

最后，世界各国出台的政策和提出的保险举措，也有时提到将养老金覆盖范围扩大到全民的愿望，如日本颁布的《国民保险法》、法国颁布的《社会保障法典》、英国颁布的《国民保险法》等，但是由于所依据的理论存在的缺陷，导致他们始终没有提出一种切实有效的可以覆盖全民的养老保险制度，使他们这一设想和愿望终究难以实现。

四、关于今后养老保险制度的发展思路和改革方向

首先，从现在起就要着手建立养老保险业自身专属的理论或者寻找到靶向明确的、科学的经济理论支撑，使保险业的发展尽快走上有科学理论导向的发

展道路。

其次，要从依靠单一货币资本支持的传统的"三支柱"模式中走出来，使保险业回归市场，置于市场经济的大背景下进行思考，用多种资本即货币资本、知识资本和消费资本三种资本解决养老金问题，对传统模式进行具有根本性的改革和创新。

最后，积极研究如何解决全民养老这一全球性的难题，并在深入研究的基础上，提出一种新型的全民养老的模式，来补充完善现行的传统的"三支柱"模式，以化解全民养老这一全球性难题。

第二章 我国养老保险制度发展的历史综述

第一节 我国养老保险制度发展的历史沿革

一、我国养老保险制度的历史沿革

中华人民共和国成立前,在我国流行的是家庭式养老,即所谓"养儿防老",父母的养老责任主要由子女来承担,这种家庭式养老在我国延续了几千年。中华人民共和国成立之后,我国政府开始构建由国家参与的养老保险模式。我国的养老保险制度从一开始主要是针对城镇职工,后来才逐步建立起农村的养老保险。

(一)中华人民共和国成立初期的养老保险制度概述

中华人民共和国成立初期,我国政府开始着手建设社会保障体系。从1950年到1986年,是以城镇职工为主的养老保障制度的建设和发展时期。1951年2月颁布了《中华人民共和国劳动保险条例》,规定:"职员年满六十岁,一般工龄满二十五年,本企业工龄满五年者,可退职养老。退职后,由劳动保险基金项下,按其本企业工龄的长短,按月付给退职养老补助费,其数额为本人工资的百分之五十至七十,付至死亡时止。继续留任的,除发给原有工资外,由劳动保险基金项下,按其本企业工龄的长短,每月付给在职养老补助费,其数额为本人工资百分之十至二十。"这标志着养老保险制度在我国初步建立。

1955年,国家发布了《国家机关工作人员退休处理暂行规定》《国家机关工作人员退职处理暂行办法》《关于处理国家机关工作人员退职、退休时计算工作年限的暂行规定》，这些规定构建了国家机关和事业单位的退休制度。1958 年，国家发布了《关于工人、职员退休处理的暂行规定》，放宽了退休条件，适度提高了待遇标准，统一了工人与职员的养老保险待遇。1966 年，《关于轻、手工业集团所有制企业职工、社员退休统筹暂行办法》和《关于轻、手工业集团所有制企业职工、社员退职暂行办法》规定了这部分职工的退休、退职养老问题。

这一时期的养老保障制度呈现出以下几个特征：

第一，国家和企业是养老保障的主要承担者，而个人无须缴纳任何费用。在具体的实施过程中，企业发挥了重要作用。企业要按照国家有关规定提取和发放养老金，并对退休人员进行管理。

第二，养老金筹集方式属于现收现付制，劳动保险金的 30%存入全国劳动保险总基金，70%存于各企业工会基层委员会账户内作为劳动保险基金，作为支付和发放使用。养老金的费用支出在企业营业外项目进行列支。

第三，保险单位独立性强，社会统筹较为困难。各企业是各自单位养老保险的主要承办者，养老保险待遇等相关福利与单位生产经营状况紧密相关，这就导致了养老保险制度单位差别显著、制度标准不一。养老金给付标准和个人退休前的工龄、工资紧密挂钩，无法发挥社会调剂功能，制约了养老保险的稳定性和可持续发展。

（二）改革开放后的养老保险制度改革

20 世纪 80 年代，随着改革开放和社会经济发展，以前建立的养老保险制度存在的缺陷逐渐突显出来，特别是我国经济体制的改革，使我国处于由计划经济向市场经济转轨的过程中。我国养老保障制度也必须同步进行改革。

首先，对养老保险费用实行社会统筹。"社会统筹"是由社会专门机构在一定范围内统一征集、统一管理、统一调剂退休费用的制度。社会保险机构按照一定的计算基数和提取比例向企业统一征收退休费用，统一管理退休基金，再按照退休费用的实际需要返还给企业，使企业平均负担退休费用。

其次，实行城镇企业职工个人缴纳部分养老保险费用的制度，使养老金开始由国家和企业来负担，转变为国家、企业和个人三方共同负担。此后，个人缴费制度逐步推广到全部企业职工。

最后，开始探索和鼓励实行企业补充养老保险和个人储蓄性养老保险制度，使养老保险制度开始从单一层次向多层次转变。原国家劳动人事部提出了建立国家基本养老保险、企业补充养老保险和职工个人储蓄性养老保险三位一体的养老保险制度的设想。

1991年6月，国务院颁布了《关于城镇企业职工养老保险制度改革的决定》，主要包括：提出建立社会基本养老保险、企业补充养老保险和个人储蓄相结合的多层次保障原则；养老保险费用实行国家、企业、个人三方负担的原则；确立"以支定收、略有节余、留有部分积累"的养老保险基金统一筹集原则；基本养老保险缴费的税前提取原则；养老保险基金专户储存、专款专用原则；与工资增长和物价指数相联系的养老金调整原则；以及养老保险统筹从县市起步、向省级统筹逐步过渡的原则。这是改革开放以来国家就养老保险问题第一次作出重大决策。

此后，以社会统筹为目标的养老保险制度改革在全国迅速展开。到1992年年底，全国2300个县市（约占县市总数的95%）实行了企业养老保险统筹。

1992年1月3日，中华人民共和国民政部公布实行《县级农村社会养老保险基本方案（试行）》，农民开始进入由国家统筹的养老保险体系。

（三）我国基本养老保险制度的社会统筹改革

1995年，国务院发布了《关于深化企业职工养老保险制度改革的通知》（国发〔1995〕6号）的文件，基本养老保险费用由企业和个人共同负担，逐步提高个人缴费比例，并实行社会统筹与个人账户相结合的养老保险制度改革，建立了职工基本养老保险个人账户，促进了养老保险新机制的形成，保障了离退休人员的基本生活。

由于不同所有制和部门之间的社会保障负担不均，国务院于1998年又发布《关于实行企业职工基本养老保险省级统筹和行业统筹移交地方管理有关问题的通知》，这一文件标志着职工养老保险实行全国并轨，提出基本养老保险制度向省级统筹过渡的改革任务。

第二章 我国养老保险制度发展的历史综述

（四）我国养老保险制度完善和发展时期

自 2001 年起，是我国养老保险体制完善和发展的重要阶段。2010 年 1 月 1 日起正式实施的城镇企业职工基本养老关系转移接续暂行办法，是制度建设上的一次突破性改革，使中国养老保险制度走出了由统筹层次低下导致的"便携性障碍"。这一制度突出特点在于保护了跨省流动就业人员参保缴费和间断性就业的养老权益，确保了农民工享受同城镇企业职工一样的养老保险待遇。通过统一转移标准、统一转移程序，对各类劳动者一视同仁，解决了多年僵持不下的养老保险关系转移问题。

（五）我国养老保险体系进一步完善

为推动企业年金的发展，2004 年，国家颁发了《企业年金试行办法》，并陆续出台了一系列配套规章政策。随着企业年金政策的普及，特别是广大企业对企业年金制度的认知度不断提高，一些具备条件的企业，包括国有企业、私营企业、外资企业等逐步建立了企业年金制度。截至 2016 年年底，全国建立企业年金的企业 7.6 万户，参加职工 2325 万人，企业年金基金积累额 1.1 亿万元，初步显现了补充养老的作用。

自 2017 年以来，一系列政策陆续出台，大力推动我国企业年金和商业养老保险的大力发展，充分发挥"第二支柱"和"第三支柱"在我国养老保险体系中的重要作用。

2017 年 12 月 18 日，人社部、财政部联合印发《企业年金办法》，使我国企业年金制度得到进一步的规范和完善。2017 年 6 月 29 日，国务院办公厅印发了《关于加快发展商业养老保险的若干意见》从四个方面部署了推动我国商业养老保险的有关举措。2018 年 4 月 12 日，财政部等五部门发布了《关于开展个人税收递延型商业养老保险试点的通知》，积极鼓励发展第三支柱个人养老金制度。

（六）我国农村养老保险制度的发展

相比之下，城镇基本养老保险制度取得突破性进展的同时，农村养老保险制度则相对滞后。农村养老体制改革开始于 1986 年，首先是在经济发达地区开展了建立社会养老保险制度试点工作。1992 年 1 月 1 日，民政部公布实施县级农村社会养老保险基本方案，1999 年 7 月，暂停执行这一方案，主要原因是财政力量捉襟见肘，强调农村家庭养老的作用，把农村养老保险内容"遗漏"在养老保障制度设计之外。

2006年，《中共中央国务院关于推进社会主义新农村建设的若干意见》和国家"十一五"规划中明确指出，要探索建立与农村经济发展水平相适应、与其他保障措施相配套的农村社会养老保险制度。至此，农村养老体制改革迎来了新的发展阶段。

2009年9月1日，国务院发布了《关于开展新型农村社会养老保险试点的指导意见》，决定从2009年起在全国选择10%的县开展试点，到2020年之前基本实现农村适龄居民的养老保险覆盖。这一政策，标志着农村社会养老保险制度建设实质性的推进和新阶段的开始。

二、我国养老保险制度的发展现状

我国养老保障制度经过几十年的改革发展，取得了巨大成绩。在上述一系列改革政策和具体举措下，我国逐步建立起覆盖范围广泛的养老保障体系，逐步构建起国家基本养老保险、企业年金和个人养老储蓄保险"三支柱"养老保障制度。

（一）第一支柱：基本养老保险制度

国家基本养老保险制度在我国养老保障体系中发挥着主导作用。根据人社部最新数据显示，截至2018年年底，全国参加基本养老保险的人数已经达到94293万。其中，全国参加城镇职工基本养老保险人数为41902万；年末城乡居民基本养老保险参保人数为52392万。基本养老保险参保人口占人口的67%，参加城镇基本养老保险人数占城镇就业人口的96.5%。基本养老保险已经覆盖到几乎全部的城镇就业人口。

（二）第二支柱：企业年金和职业年金

第二支柱包括企业年金和职业年金。企业年金是企业及其职工在依法参加基本养老保险的基础上，通过集体协商自主建立的补充养老保险制度，是我国多层次养老保险制度体系中第二支柱的重要组成部分。职业年金，是指机关事业单位工作人员在参加基本养老保险基础上，建立的补充养老保险制度。

截至2018年年底，我国有8.74万户企业建立了企业年金，参加职工数为

2388万,年末企业年金基金累计结存为14770亿元。通过数据比较,可以看到企业年金在我国养老保险制度的比重还是比较小的,覆盖人群也较小。

(三) 第三支柱:个人养老储蓄保险

目前,我国个人养老储蓄保险主要是商业养老保险。发展商业养老保险,对于健全多层次养老保障体系,促进养老服务业多层次多样化发展,应对人口老龄化趋势和就业形态新变化,进一步保障和改善民生,促进社会和谐稳定等具有重要意义。

2017年7月4日,国务院办公厅正式发布了《关于加快发展商业养老保险的若干意见》。在政策方面,国家给予现代保险服务业和养老服务业发展的税收优惠政策,对商业保险机构一年期以上人身保险保费收入免征增值税。2017年年底前,启动个人税收递延型商业养老保险试点,以及研究制定商业保险机构参与全国社会保障基金投资运营的相关政策。

第二节 我国养老保险制度的改革与创新

一、我国养老保险制度面临的严峻形势

我国已经步入老龄化社会,养老问题形势日益严峻且十分紧迫。由于我国人口基数大,人口老龄化速度快,老年人口数量巨大,经济发展程度较低以及未富先老的两难境地,使我国的社会养老保险面临着巨大负担和压力。因此,对传统养老保险制度进行改革与创新,并建立新型社会养老保险制度,成为我国应对老龄化的重要举措和当务之急。

(一) 当前我国社会老龄化的严峻形势

根据联合国人口老龄化的标准,一个国家60岁及以上的老年人口占人口总数的比例超过10%,或65岁及以上的老年人口占总人口的比例高于7%,这个国家或地区就进入老龄化社会。

自20世纪90年代起,我国逐步迈入老龄化社会。进入21世纪,我国人

消费养老创新模式
——一种新型全民养老保险模式

口老龄化进程逐步加快。2000年第五次全国人口普查①显示，全国总人口为124261万，60岁以上老年人口达到12998万，占比为10.46%。2010年第六次全国人口普查数据②显示，全国60岁及以上老年人口已达1.7765亿，占总人口的比重达13.26%。截至2019年年末③，60周岁及以上人口为25388万，占总人口的比重达18.1%。

据有关机构预计，到2040年，60岁及以上人口占比将达28%左右，65岁及以上老年人口占总人口的比例将超过20%，其中，80岁及以上高龄老人正以每年5%的速度增加，到2040年将增加到7400多万人，全面步入老龄化社会。到2050年，60岁及以上老人占比将超过30%，社会进入深度老龄化阶段。

随着我国社会老龄化程度加深，给社会经济发展带来了巨大挑战，养老问题形势严峻且十分紧迫。全国老龄工作委员会办公室2014年发布的《中国人口老龄化发展趋势预测研究报告》指出，21世纪的中国将是一个不可逆转的老龄化社会。

老年人口比重的上升加重了劳动年龄人口负担，给经济发展和社会保障带来诸多挑战。

(二) 我国养老保险面临的巨大压力

我国社会养老保险制度仍处于转型时期，未富先老的人口和经济发展状况，使得养老保险制度的可持续性发展受到了前所未有的挑战。

当前，我国养老保险体系存在和面临的主要困难和问题有：

第一，我国社会养老保险覆盖面不全，呈现出发展不均衡的城乡二元结构。我国社会养老保险经过多次调整，仍是以城镇居民为主。农村养老保险起步较晚，人口的老年保障问题尚未完全解决。同时，在城镇居民中还有部分人员仍然游离于养老保险之外。国家统计局公布的数据显示，截至2018年，我国城乡居民社会养老保险参保人数为52391.7万，其中，城镇参加养老保险人数为41901.6万，占总参保人数的比重为79.97%。2018年年末，60周岁及以

---

① 该数据来自国家统计局官方网站。
② 该数据来自《2010年度中国老龄事业发展统计公报》。
③ 该数据来自国家统计局官方网站。

上老年人口为24949万,城乡居民社会养老保险实际领取待遇人数为15898.1万,也就意味着尚有9050.9万人没有养老保险待遇。

第二,养老保险资金缺口较大。目前我国养老保险体制改革的政策取向,是由现收现付制逐步向部分积累制过渡。但是养老保险资金的筹集与支出之间存在资金缺口,严重制约了养老保险体制改革的进程。省级养老保险金缺口占省级全部财政收入的2.5%~3%。地方财政不得不用养老保险金的个人账户资金和税收收入来弥补资金缺口,这就造成"统账结合"的改革模式中个人账户的空账现象。即便如此,养老保险金筹集仍是入不敷出,中央财政不得不进行拨款予以解决,以保持地方财政的支持能力。

第三,省级统筹还不完善,还存在政策不统一、管理不规范的问题。主要表现在:一是基本养老保险统筹项目不统一,有的省统一了省级统筹项目,有的省还没有统一统筹项目;二是省级统筹的层次还比较低,大部分省还没有实现养老保险管理和基金调剂的统一;三是覆盖面参差不齐,一些省级统筹地区职工参加养老保险的比例还不够高,有的省养老保险覆盖范围还只限于国有企业,集体企业、私营、个体企业没有或少量参加进来;四是由于地方利益的影响,省级统筹的强制性、法治化不够,省级集中资金困难,形不成规模,发挥不出有效的调剂功能;五是许多省在缴费基数、企业和个人缴费比例、基金管理等方面存在较大差异;六是大部分省经办机构体制不顺,不能够实行垂直管理,没有形成全省范围的业务管理、人事管理规范化、制度化。

第四,地区差异逐渐扩大,部分省份出现养老金入不敷出。2013年,黑龙江省的职工基本养老保险金开始出现收不抵支的问题。到2015年收不抵支的省、自治区增加到7个(黑龙江、西藏、辽宁、河北、吉林、陕西和青海)。

第五,基本养老保险一支独大,给国家带来潜在的财政风险。随着人口老龄化的加剧,未来对城镇职工基本养老保险和城乡居民社会养老保险的财政补助,将会在整个社会保险的资金流入中扮演越来越重要的角色。未来中央和地方政府的财政补助将不可避免地成为养老保险体系重要的资金来源。而第二支柱企业年金和第三支柱个人养老金制度尚未发挥其作用。

二、我国养老保险制度的改革与创新

党的十九大报告明确提出"按照兜底线、织密网、建机制的要求，全面建成覆盖全民、城乡统筹、权责清晰、保障适度、可持续的多层次社会保障体系"。这为新时期中国特色养老保险体系建设指明了方向。

随着老龄化社会的发展，养老金收支的压力日益凸显，现行的养老保障制度急需进行改革。

目前，我国保险业（包括养老保险）还存在诸多亟待解决的问题，保险业发展水平与国民经济、社会发展和人民生活需求仍不相适应。保险业的作用发挥得还很不够，消费者的巨大需求远未得到满足。

养老保险制度是市场经济发展到一定阶段的产物，是市场经济的一个重要组成部分。市场经济已经完成了由卖方市场向买方市场的过渡，我们现在已经进入以买方为主的市场经济发展阶段。在这一阶段，消费和消费资本成为推动国家、地区、企业和行业发展的关键性资源和主导力量。

我们必须把保险业的发展置身于市场经济大背景下，将保险业还原于整个市场经济，才能对保险业的现状作出深刻的分析，才能找出今后发展的根本途径。因此，我们的研究将以市场经济作为研究的起点和策划的依据，把养老保险制度置于市场经济发展的新阶段，即以买方为主的市场经济发展阶段进行考察。

本书认为，养老保障制度改革需要引入新的创新思路。消费资本论将用货币资本、知识资本、消费资本三种资本来推动养老保险制度的发展，从而可解决以往在单一货币资本支持下的养老保险模式存在的融资危机、资金短缺、给付困难等诸多问题，给养老保险模式注入可持续发展的内生动力，进一步推动养老保险制度持续发展。

目前世界主要国家所采用的养老保险制度都是采用单一货币资本支撑的模式。因此，我国养老保险事业发展过程中不可避免地出现了融资困难、资金短缺等问题，而消费养老创新模式可在一定程度上解决这些问题。

消费养老创新模式使消费者由消极被动的被保险人、被执行者、被参与的因素转变为主动参与的、积极的、执行者的因素。消费者在消费的过程中不仅可以获得产品，还能够获得企业、超市、商家按期返还的一定比例的利润，消费的同时也增加了收入，并转化为养老保险费用。这大大提高了消费者参与消费养老保险的积极性，能够更加充分地发挥消费者的主动性。

不仅如此，消费养老创新模式还突破了单一养老保险目标，因为消费拉动了生产，使生产和消费良性互动，同时推动了企业和地方经济的平稳发展，并有利于维护社会的稳定。这种创新的养老保险模式为国家、地区、企业和行业发展，特别是为养老保险事业的发展找到了一条生生不息、源源不断、永续不竭的资金源泉。它既维护了消费者的根本利益，有力地拉动了内需，又促进了经济的可持续发展。

消费养老创新模式是对传统养老保险制度的创新和完善，打破了过去单纯依靠单一货币资本作为支撑的局面，拓宽了资金来源渠道，提高了养老保障水平。

我国已经进入老龄化社会，养老保险事业改革与创新发展引起各方面的高度重视。对传统养老保障制度进行改革与创新，并建立新型社会养老保障制度，成为我国应对老龄化的重要举措和当务之急。

我国养老保险制度的改革，可以分两步走。首先进行过渡性改革，同时做好根本性改革的思想准备、理论准备和措施准备。准备工作一经完成，立即着手实施根本性的改革方案。

充实"三支柱"保险制度的第三支柱的内容，把消费养老创新模式作为第三支柱的重要补充，使第三支柱成为广大民众养老的坚实支柱，作为我国正在建立的多层次、多渠道、可持续、广覆盖的养老保障制度体系的一个组成部分。

同时，我国当前要着重解决好农村人口的养老问题。我国农村的养老保险制度起步比较晚。消费养老创新模式的提出尤其对提高农民养老保障意义重大。消费养老创新模式可以在农村地区发挥积极的作用，因为农民无论收入高低同样也需要消费。一方面他们需要购买农业生产活动所需要的工具、种子、肥料、农药等各类生产要素，另一方面他们需要购买生活必需品，由于现在农村地区经济快速发展，以及部分农民到城市打工赚钱，目前农民的收入和生活水平同过去相比提高了很多，相应地消费水平也提高了。2018年，农村居民

消费养老创新模式
>>>——一种新型全民养老保险模式

人均可支配收入为14617.03元，农村居民人均消费支出12124.27元。如果按照5%生成消费养老金的比例来计算，则农村居民每年人均可获得606.21元，从而补充和完善了广大农民的养老保障体系。

消费养老创新模式在农村地区的开展，对完善我国农村地区的养老保险制度有着重要的意义。首先，它增加了农民养老金的新的渠道和来源，使农民日常的生产和生活的各类消费投入都可以为自己积累养老金。其次，它有助于农民个人养老金的积累，无须固定缴纳，在日常的消费过程中边消费边积攒养老金。同时，消费养老保险有助于建立起全民养老保险制度，提高农民的消费养老保险的积累和给付水平。

我国最终解决全民养老终身养老问题，还需要在各项准备工作完成的情况下，逐步实施消费养老创新模式。消费养老创新模式，是政府主导和监管的、专家指导的、企业市场化运作的，消费者通过日常消费可获得消费资本利润作为收入，转化为养老金的新型养老保险机制。这是全国城乡居民都可以参与的全民养老、终生养老的保险体制和机制，是一种与市场对接的、充满内生活力的养老保险模式。

第二篇

消费养老创新模式
一种新型全民养老保险模式

第三章 消费养老创新模式提出的必要性及重要意义

世界各国实施的主流养老保险模式——"三支柱"模式,目前正在面临巨大的压力和挑战,困难重重;近一个世纪,世界人口迅猛增长形成巨额的养老金刚性需求日益突显,养老金改革已迫在眉睫;人口老龄化进程加快,全民养老这一全球性难题,已成为当前世界各国迫切需要解决的问题。在这种背景下,提出消费养老创新模式——一种新型全民养老保险模式,对于养老保险制度改革和创新具有一定的推动作用。

第一节 "三支柱"模式面临巨大压力和挑战

世界各国实施的传统的主流养老保险模式——"三支柱"模式,在经历了近一个世纪之后,目前正在面临着巨大的压力和挑战。具体表现在国家层面上,由于各国面对养老金在国家收入占比不断增加的形势下,世界主要国家普遍出现了财政负担日益加重甚至难以应对的局面。

英国是最早建立完整的社会保障制度的国家。1946年颁布实施的《国民保险法》,不仅提高了养老金津贴标准,而且没有加入缴费养老金制度的老年人,也可以获得救济。但这种养老金制度越来越不适应英国社会经济发展变化,养老金支出的迅速扩大使英国政府在财政上难以承受。扩大养老金规模,以满足日益增加的养老金刚性需求,成为英国社会保障制度的迫切目标。

智利在1924年建立正式的社会养老保险制度,其筹资方式是现收现付制。在建立初期,参加保险的员工缴纳的养老保险费超过养老金支付,制度的运行没有任何财务压力。但随着这种保险制度体系逐步成熟，养老金支付的刚性需求迅速增长，人口老龄化进程加快，也给智利养老保险制度造成巨大压力。养老保险制度越来越缺乏足够的资金，制度体系陷入严重的财政困难，需要依靠政府增加财政拨款支撑，来满足支付养老金的需求，从而使政府财政陷入困难。其他国家，如法国、德国、韩国、日本都普遍存在这一问题，尤其是日本。日本的社会养老保险制度正面临着破产的危机。目前，融资的缺口已经到了危机边缘，日本养老保险处于难以为继的状态。

在民众层面上，一些国家的民众对于采取提高缴费率、降低支付水平、延长退休年龄的做法感到难以接受，对"三支柱"模式表现出很大抵触情绪。日本，有大约1/3的被保险者拒缴或滞缴保险金。

"三支柱"模式本身在实施过程中，也遇到了"瓶颈"。我国在实施"三支柱"模式过程中，遇到的问题具有一定的普遍意义。首先，抚养比例下降。由十几年前的接近6∶1已降至目前的2.87∶1，收支矛盾突出，保险制度面临着巨大的压力。其次，替代率下降。尽管养老金绝对数在逐年增加，但同社会平均工资的比率却在逐年下降。最后，"三支柱"全面建设进展缓慢。企业年金自2004年实施以来，目前只覆盖了6%的人群，第三支柱个人储蓄型养老覆盖人群不足1%。

综上所述，传统的"三支柱"模式，面临巨大压力和挑战，困难重重。

第二节　世界人口迅猛增长，养老金刚性需求日益突显，养老金改革迫在眉睫

据有关人口增长研究报告统计，从公元前1500年至公元前500年的1000多年内，世界人口总数在1亿之内。从公元前500年至公元600年经过了1000多年，人口才翻了一番，达到2亿。从公元600年一直到公元1700年，人口始终保持缓慢的增长速度，直到公元1700年世界人口总数才突破6亿。然而，随着17世纪工业革命的发展，人类社会经济也取得迅猛的发展，到了公元1900年世界总人口数达到15.63亿，也就是不到200年，世界总人数翻了一番

第三章
消费养老创新模式提出的必要性及重要意义

还多。进入 20 世纪世界人口开始了爆发式的增长，仅一个世纪人口猛增加到 60.62 亿。根据人口权威研究机构和人口专家预测，到 2050 年人口再增加 20 亿，届时全球人口数将达到 97 亿。而在 21 世纪末，全球人口将突破百亿大关达到 112 亿。世界人口呈现出迅猛增长的趋势。具体数据可参见图 3-1。

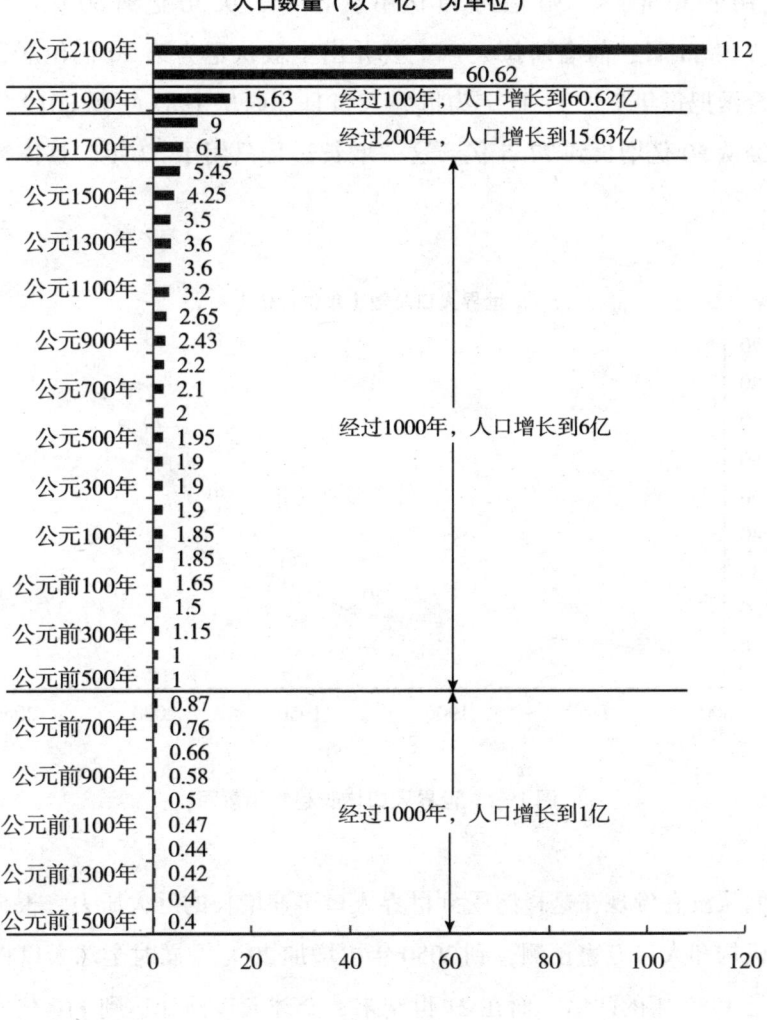

图 3-1 世界人口增长数据图

我们再来看看，从 19 世纪到现在人口的快速增长情况。1830 年全球人口

消费养老创新模式
>>>——一种新型全民养老保险模式

突破了 10 亿；1930 年全球人口突破了 20 亿；1960 年全球人口突破了 30 亿；1975 年全球人口突破了 40 亿；1987 年全球人口突破了 50 亿；1997 年全球人口突破了 60 亿；2011 年全球人口突破了 70 亿；截至 2019 年年底，全球人口总数达 77.5 亿，预测未来 2023 年全球人口总数将突破 80 亿。

从统计中可以看到，世界人口从 10 亿增长到 20 亿用了 100 年，从 20 亿到 30 亿用了 30 年，从 30 亿到 40 亿用了 15 年，从 50 亿到 60 亿用了 10 年。1987 年 7 月 11 日，前南斯拉夫一个婴儿出生被认定为第 50 亿位居民。1990 年，联合国把每年 7 月 11 日定为世界人口日。而从 1987 年到 2019 年，全球人口已经从 50 亿增长到 77.5 亿，这一增长过程只用了 32 年。具体数据参见图 3-2。

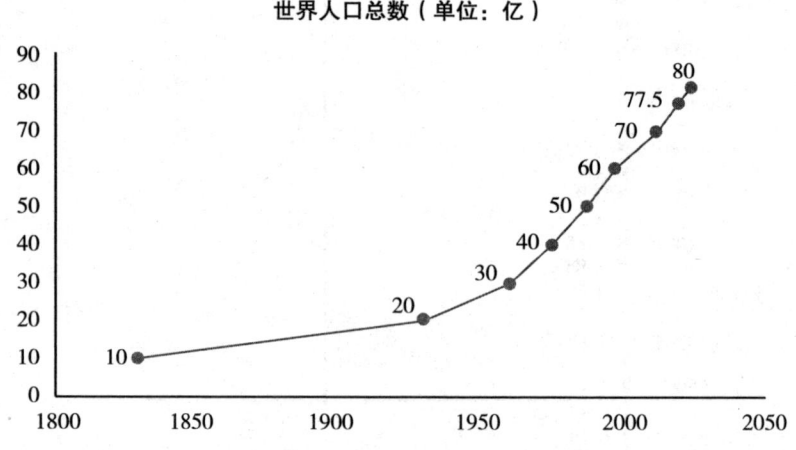

图 3-2 世界人口增长趋势示意图

人们从没有像现在这样感受到世界人口迅速增长的巨大压力。根据人口权威研究机构和人口专家预测，到 2050 年再增加 20 亿。届时全球人口将达到 97 亿，将是 1987 年的两倍。而在 21 世纪末，全球人口预计达到 110 亿。世界人口呈现迅猛增长趋势，给社会、经济、生态、环境等各方面都带来巨大的压力和挑战。数量巨大人群的出现，对养老金这一刚性需求日益突显，世界各国都面临着巨额养老金的压力，养老保险制度改革迫在眉睫。可以说，世界人口迅猛增长，正在引发养老金保险制度一场深刻的变革，催生着一种适合新形势需要的新型养老保险模式。

第三节 人口老龄化进程加快，解决全民养老问题势在必行

在人口迅猛增长的同时，人口结构也呈现出新的变化趋势。由于人们寿命的延长、生育率下降等因素的影响，世界人口结构发生了很大的变化，逐渐呈现出老年人口越来越多和比重的加速增长，导致全球进入老龄化社会和深度老龄化社会。

根据1956年联合国《人口老龄化及其社会经济后果》确定的划分标准，当一个国家或地区65岁及以上老年人口数量占总人口比例超过7%时，则意味着这个国家或地区进入老龄化社会。1982年维也纳老龄问题世界大会，确定60岁及以上老年人口占总人口比例超过10%，意味着这个国家或地区进入老龄化社会。

按照此标准，根据联合国人口与社会发展署人口数据《2015年人口数据》显示的各国人口总数、60岁以上老年人口的比例和65岁以上老年人口的比例，可以看出截至2015年全球201个国家或地区中，有89个国家或地区的65岁人口的比例超过了7%，有92个国家或地区的60岁人口的比例超过了10%。这意味着有92个国家或地区的人口进入老龄化社会。

联合国人口基金会的数据显示，进入2019年全球约有一半的国家或地区65岁以上人口占比在7%及以上，即全球约有一半的国家或地区进入人口老龄化社会。21世纪初，世界人口有接近6亿老年人；到21世纪中叶，将有约20亿老年人。

人口老龄化过程中，有两个突出的特征：

一是人口老龄化速度加快。就全球而言，老年人口每年以2%增长，比整个人口增长得快很多。1960年，全世界65岁及以上人口占比为4.97%。到2000年，世界老年人口占比为6.89%。2019年世界老年人口占比已经达到

9%。据预测，60岁以上的年增长率在2025—2030年将达到2.8%，老年人口将继续比其他年龄组更快速地增长。

二是老龄人口本身也在老龄化。世界上增长最快的年龄组是最老的，其中年龄是80岁或以上，他们目前是以每年3.8%增长，占老年人总数的1/10以上。到21世纪中期有1/5的老年人将是80岁或以上。

为了应对老龄化，世界各国采取了各种举措，如延迟职工退休年龄、奖励在职期间储蓄、调整养老金制度、鼓励生育等措施。但这些都是涉及民生的重大举措，改革难度很大，至今收效甚微。

人口老龄化给国家政治、经济、社会、文化以及家庭带来多方面的影响，如养老、医疗、住房、卫生和教育等都成为政府亟待解决的问题。在现有"三支柱"养老保险模式下，随着世界进入人口老龄化社会，各国的养老金给付都将面临巨大的压力。

（1）第一支柱国家基本养老金增加了财政压力，在国家财政支付中的占比不断增加。随着人口老龄化进程加快，领取养老金的人数在增加，而纳税和缴纳养老金的人数在减少，就导致了国家财政吃紧。养老保障资金的财政拨付占比整个国家的财政支出的比例在不断增加，同时老龄化还带来了医疗保健方面的财政支出，也导致了国家财政的吃紧。

（2）第二支柱职工养老金覆盖了部分人群的养老保障，还有一大部分未就职人员无法享受到养老金的保障。当前，世界各国都未实现全民就业，职业年金主要是为在职人员提供的一种养老保障制度，而没有就职的人员则游离其外。

（3）第三支柱个人养老金是未来的发展方向。目前，各国养老金制度的改革正在由国家拨付、企业和职工缴纳的方式，逐步向个人养老金储蓄的方向转移。但个人养老储蓄又会降低个人的当期消费能力，对社会经济的发展不利。而且目前各国还需要出台政策和优惠措施来激励个人养老储蓄，才能有助于第三支柱的发展。

因此，老龄化给现行的养老保险制度提出的挑战，以及老龄化给各国政府带来的各种困难至今没有得到解决。急需寻找解决社会全体成员养老金的根本途径。

第三章
消费养老创新模式提出的必要性及重要意义

　　如果说世界人口迅猛增长正在引发养老保险制度一场深刻的革命，那么人口老龄化迅速到来，正在催生着一种适合新形势需要的新型全民养老保险模式的诞生。

　　本书在总结世界各国养老保险业的经验和教训的基础上，提出的消费养老创新模式，对于解决全民养老这一全球性难题具有一定的探索意义。

第四章　消费养老创新模式的科学依据

如何科学地解决社会全体成员的养老保障问题是全球性的难题，是世界各国政府和民众迫切关注和亟待解决的问题。尤其是在世界人口迅猛增长和人口老龄化进程加快的形势下，这一问题的解决显得尤为突出和迫切。各国养老专家为解决这一问题，都在积极探索并做出了很大努力，提出了一系列的解决办法，也发挥了一定的作用。

我们面临的重要历史性任务，就是要提出一种适合全民的养老保险模式，一种切实有效的全民养老保险制度。根据世界各国保险制度发展的历史经验，我们需要做好以下三项工作：第一，建立或者找到一种完全的市场经济理论，作为全民养老保险制度的理论支撑。第二，这一理论将引领我们找到全民养老金的出处和来源。第三，在此基础上，设计并提出全民养老保险的创新模式。

在这里，首先要介绍消费资本论，它为我们提出的新型全民养老保险模式提供了经济理论依据。

第一节　消费养老创新模式的经济理论依据

消费资本论为解决社会全体成员养老金问题，提出了新的解决方案。这是因为消费资本论反映了市场经济的全部内容和全部要求，着眼于全体社会成员的经济行为和权益保障。

第四章
消费养老创新模式的科学依据

一、消费资本论提供的经济理论依据

《消费资本论》[①] 是为消费者权益立言的一本书。消费资本论以完整的理论体系把市场经济中消费和消费资本的力量系统地揭示出来，从而深刻地论证了消费资本的载体——当今数十亿消费者在市场经济发展中的重要地位和作用。我们在对市场经济的深入研究中，发现消费者才是市场经济的真正主人，他们是经济发展的主要动力，他们也是企业利润和社会财富的创造者。但是，几个世纪以来，他们在市场经济中的重要地位和巨大作用，连同他们的权益一起，一直处于被淡化、被边缘化甚至处于缺失状态。这是当今广大消费者养老金和养老保险制度被边缘化的重要原因。

（一）消费是一种新的资本形态，消费即是投资，消费行为即是投资行为

从工业革命开始至今，3个世纪以来，传统经济学家对资本的研究从未超过货币资本的范畴，他们对资本的丰富内涵没有进行深入研究，他们的注意力集中在对现有资本形态即货币资本功能的挖掘，而忽视了对新资本形态的探索。所以，他们在资本的内涵和资本的形态两个方面都没有研究到位。

经过深入研究，人们逐渐认识到："资本"是一个总的概念，是一个具有多种资本属性要素的统称。作为市场经济发展动力的资本，它对市场经济发展投入的不仅仅是生产性资本要素，还包括知识性资本要素和消费性资本要素。我们必须对资本的丰富内涵进行深入的细分研究，分类分析、梳理、界定不同属性的资本要素，并在此基础上，探索出不同属性的具体的资本形态。

资本在市场经济发展中，投入的三种资本属性的要素，逐渐分别形成生产性资本（以下简称生产资本）、知识性资本（以下简称知识资本）和消费性资本（以下简称消费资本）。资本是多种具体形态的综合体，资本的三种具体形态的演进，是同社会经济发展程度和生产力水平相对应的。它们随着市场经济发展的不同阶段，依次呈现在人们的面前。

以往的经济学家，包括获得诺贝尔奖的经济学家，他们理论上一个共同的

---

① 详细内容见陈瑜著：《消费资本论（第三版）》，中国商业出版社，2018年版

消费养老创新模式
>>>——一种新型全民养老保险模式

缺陷是重生产、轻消费。他们从资本的高度分析生产对社会经济发展的重要作用，但没有从资本的高度分析消费对社会经济发展的重大拉动作用。他们对生产和生产资本进行了十分深入的研究，详细地阐述了生产资本的属性、作用和意义，却从没有提出一种理论把消费和消费资本的力量系统地揭示出来。其实，人类社会发展的最终目的是消费。生产和消费是一个问题的两个方面，只从生产的角度分析社会经济的发展，是单方面的、局部的分析。唯有从资本的高度并同时从生产和消费两个方面分析社会经济发展，才是全面的、科学的分析。

消费资本论提出了一种新颖的创新思维方式，着眼于从生产和消费双向看问题。把消费向生产领域和经营领域延伸，论证了消费转化为资本的过程，提出消费即是投资，把社会经济发展中消费和消费资本的力量系统地揭示出来。

在产品短缺时代，消费者处于被动地位，消费的价值仅在哲学家的眼里具有重要意义；而到了产品相对过剩时代，任何人都不能再忽视消费的力量。消费者成为市场经济的主人，消费已成为市场的主导力量。消费决定着生产的成败，决定着每一张货币的投向，关系到每一个企业、家庭和个人。每个社会细胞的经济行为的终极目标都可归结为消费，任何产品的最终指向也都是消费，因而一切的社会活动都在围绕消费而展开。消费决定生产，也决定货币资本和知识资本能否实现其最终价值。

因此，消费已经不仅仅是一个过程，而是有足够的力量形成影响一切并且能够和货币资本、知识资本并驾齐驱的一种资本——消费资本。

消费和消费资本是国民经济发展的基础动力。消费资本在三种资本中具有本源的性质，是生产和经济发展的主要动力。没有生产就没有消费，同时没有消费就没有生产，就没有经济发展。消费的规模决定了生产的规模，进而决定了经济发展的规模。所以，消费和消费资本是国民经济发展的基础动力。不仅如此，消费还是经济发展的第一引擎。这已为我国经济发展的实际过程所证实。

多年来，我国国民经济增长主要是依靠资本形成总额、货物和服务净出口与社会消费品零售总额，简称投资、出口、消费"三驾马车"来拉动。但是，随着市场经济的不断发展，改革开放的不断深入，拉动经济增长的"三驾马车"的驱动力结构出现了新变化，呈现出投资和出口对GDP的贡献率逐渐下降，消费对GDP的贡献率逐渐上升的趋势。

根据国家统计局统计，2014年，我国实现全年社会消费品零售总额为26.2万亿元人民币，对国民经济增长的贡献率为51.2%，消费成为拉动经济增长的主引擎。2015年，我国实现全年社会消费品零售总额为30.09亿元人民币，对国民经济增长的贡献率为66.4%，消费已成为中国经济的"顶梁柱"。2016年，我国实现全年社会消费品零售总额为33.2万亿元人民币，对国民经济增长的贡献率为64.6%，消费动力还在不断增强。2017年，我国实现全年社会消费品零售总额36.6亿元，对国民经济增长的贡献率为58.8%。2018年，我国实现全年社会消费品零售总额为38万亿元人民币，对国民经济增长的贡献率为76.2%。2019年，我国实现全年社会消费品零售总额为41.2万亿元人民币，对国民经济增长的贡献率为57.8%。消费连续多年成为经济增长第一驱动力。市场经济新的阶段已经到来，消费已经成为拉动内需的主要动力。而广大消费者就是消费资本的载体和所有者，是国民经济发展基础动力的主力军。

（二）消费者作为消费资本的载体和所有者，参与了企业利润和社会财富的创造

消费资本论认为，消费是一种资本，消费即是投资。消费者是消费资本的载体和所有者，它同货币资本所有者一样，是企业利润和财富的创造者，应该享有和货币资本所有者一样的权益。

消费资本论通过对商品经济过程进行细分，揭示了商品经济的全过程，指出企业利润和社会财富是由三种资本——货币资本、知识资本和消费资本共同创造的，消费者是企业利润和社会财富的创造主体之一。因此，应由三种资本所有者共同参与企业利润和社会财富的分配。

商品经济全过程包括如下三个环节或者说三个阶段：

其一，生产资本由于购买了生产场地、原材料和零部件，而完成了自己的责任和义务——这是商品生产的准备过程。

其二，工程师、科技人员和能工巧匠（工人们）利用已有的生产场地，把原材料和零部件转化为产品——这是知识资本发挥作用的过程，即商品的生

产过程。

其三，产品只有在进入市场并由消费者购买之后，才能实现其价值和利润——这是商品的消费过程，这一过程是消费资本的载体——消费者完成的。

由此可以直接引申出如下几个结论：

1. 市场经济的资本构成应包括生产资本、知识资本和消费资本三个部分，而不是唯一的生产资本；

2. 企业利润，当然也包括社会财富，是由生产资本、知识资本和消费资本共同创造的；

3. 三种资本的载体即三种资本所有者，应当共同参与企业利润和社会财富的分配。

综上所述，消费资本论阐述了社会全体成员作为消费者是创造企业利润和社会财富的主体之一从而应享有养老金的依据，为解决全民养老这一难题提供了理论依据。

二、为养老金寻找新的出处

（一）市场经济已进入买方市场发展阶段

进入21世纪，世界经济形势发生了深刻变化。国家、地区和行业发展的经济背景同20世纪相比有了诸多不同。最重要的不同是，市场经济已经完成了由卖方市场向买方市场的过渡。市场经济已经进入以买方为主的经济发展阶段，这标志着卖方占主导地位的时代已经结束，买方占主导地位的时代已经到来。在这一发展阶段中，作为买方的消费者，成为市场竞争的最终决定性力量。因为消费者既是市场经济的主人，又是给国民经济和各行各业的发展注入新的资本动力的源泉。谁能够赢得最多的消费者，谁就拥有最大的市场和巨额资金的注入。因此，在以买方为主的发展阶段，消费和消费资本成为21世纪经济发展的关键资源和主导力量。换言之，在买方市场条件下，消费者和消费资本既为行业的发展提供了广阔的发展空间，又为行业发展提供了所需要的雄厚资金。因此，国家、地区和包括养老保险事业的行业在今后的发展过程中，必须高度重视消费和消费资本的作用。

(二) 消费资本论的核心内容

消费资本论的核心内容，是将消费向生产领域和经营领域延伸。当消费者购买厂家和商家的产品和服务时，生产厂家和商业企业应把消费者对本企业产品和服务的采购视同对本企业的投资，以合同的形式记录在案，一年下来，参照中国人民银行活期存款的利率，并按一定的时间间隔，把企业利润的一定比例返给消费者。此时消费者的购买行为，已不再是单纯的消费，其消费行为同时变成了一种储蓄行为和参与企业生产和经营的投资行为。于是消费者又是投资者，其消费转化为资本。这实际上是把消费者从产品链的末端以投资者的身份提升到前端，使消费者在购买产品时，既能分享企业成长的成果，也为企业发展注入新的资本动力，使消费和投资有机结合，从而使买卖双方在这种条件下合二为一，成为一体，完成消费转化为资本的过程。这样，消费作为一种资本，它同货币资本、知识资本一样，成为企业发展的直接动力。

(三) 建立在消费资本论基础上的创新商业模式探索寻找养老金新的出处

提出建立在消费资本论基础上的消费养老创新模式，其最重要的意义在于，它从市场中寻找养老金新的出处。

这是因为消费养老创新模式，引入了建立在消费资本论基础上的创新商业模式。消费养老创新模式正是基于将消费者参与企业利润和社会财富分配的部分，转化为养老金的一种新型养老金制度。它探索寻找养老金新的资金来源，找到一条与市场对接、充满内生活力的养老金源泉，解决养老金需求持续不断增长的问题。

三、消费资本论提出消费养老创新模式

(一) 创新商业模式的基本特征

在这一创新商业模式下，企业应当把消费者对企业的产品和服务的采购过程视同对自己的投资，因为消费者所付货款进入企业的下一个经营过程和生产过程并转化为资本，进而产生利润。企业家可以把由消费者货款转成资本所产生利润的一部分返给消费者。

厂家和商家可以通过互联网技术平台记录消费者的每一次消费行为和消费金额。消费者的消费信息记录之后，就可以根据这些数据信息计算消费者应获

消费养老创新模式
>>>——一种新型全民养老保险模式

得的利润收入作为对消费者的收益回报,从而实现消费者和企业的利润共享。这是创新商业模式最基本的特征。

创新商业模式吸收并发挥电子商务、物流和订单经济的重大作用,并同银行和保险业密切合作。因此,创新的商业模式实际上是有形市场(地网)、无形市场(天网)、虚拟经济(订单经济)、物流业、金融业、保险业诸多市场经济要素组合的有机综合体,是一个以生产企业、供应商、物流企业、商业企业、消费者、银行及保险公司等相互合作为基础,以产品和服务为纽带,以利润共享为特征,以合作共赢为目标的行业产业链的有机综合体。

创新商业模式是一个崭新的合作平台,是一个深层次合作的紧密的利益共同体。创新商业模式在其实际运作过程中,将形成一个长期的、深层次合作的、甚至是互为股东、利润共享的、紧密型的利益共同体。企业在这一利益共同体中发挥核心作用,为各合作单位提供卓有成效的服务,给合作者带来显著的经济效益,也给本企业带来巨大的利润。

(二)以创新商业模式的基本特征为基础,在创新商业模式的实际操作过程中,设计和建立消费养老创新模式

消费养老创新模式应该参照创新商业模式的组织形式,建立运营主体平台。消费养老创新模式在实践应用时,不会拘泥于一种产品或者一家企业,而是将诸多行业和企业联合起来。它要同银行、保险公司、厂家、商家、物流企业、消费者等诸多市场要素组成一个为消费者形成和积累养老金的综合有机联合体。由运营主体平台组织和完成消费者获得消费资本利润返还转化为养老金的过程。为此,运营主体平台根据业务需要,建立若干业务运行系统,充分发挥电子商务、物流、有形市场和无形市场(订单经济)的重大作用,来完成此项任务。

通过运营主体平台的运作,消费者参与企业利润分配,得到企业返还一定比例的利润作为收益,消费者即可将这部分收益转化为自己积攒的养老金。这是为养老保险金开辟的新渠道,成为个人养老金渠道和来源的重要补充。

消费者以消费资本股东的身份参与企业利润分配,获得了一笔消费投资收益,但消费者并未将其用于当期消费,而是将这笔资金作为养老金交由专业的养老金管理机构存储起来,并负责这笔养老金的保值增值,在消费者到了退休

年龄后再给付给消费者,供消费者养老所用。

这种新的养老金生成模式,不同于传统的"三支柱"模式,即国家财政负担、企业和个人缴纳的模式,它实际上是由于市场经济进入一个新的发展阶段,消费者权益变化所引起的一笔收益,这笔收益既不是由消费者来负担,也不完全是由企业来负担,而是由消费者参与企业利润分配的资金转化而来。

四、为消费养老创新模式创造适宜的运营条件

消费资本论还提出了创新的企业制度和创新的分配制度,从而为消费养老创新模式的实施创造适宜的运营条件。

(一)创新的企业制度为消费者作为投资者身份提供了制度保障

实现企业股份多元化,建立由货币资本、知识资本和消费资本组成的"综合资本股份有限公司"。其中最重要的是,将消费者从产品链的末端以投资者的身份提升到前端,使消费者成为参与企业利润分配的企业股东,从而使消费者的权益得到制度上的保障。

"综合资本股份有限公司"作为全新的企业制度,综合考虑了货币资本、知识资本和消费资本三种资本力量,从根本上改变传统的单一货币资本股份制形式,真正实现三种资本结合和三种资本联动,共同推动企业的发展。

在新企业制度中,公司三种股东形式分别是:

(1)货币资本股东。货币资本股东即原始股东,是最初投资人,他为公司的创建、发展提供了必要的货币资本,使公司有了最初的资本来源,其重要地位不容忽视。

(2)知识资本股东。知识资本股东即公司的领导层、管理层和普通员工等,他们是知识资本的载体。公司不同岗位的员工都为公司知识资本的积累作出了贡献。比如管理人员,由于他们优化企业的资源配置,从而提升了企业的管理水平,并通过有效组织企业资源(包括有形资产和无形资产),使得企业能够在竞争中脱颖而出。所以,他们作为知识资本股东是对他们发挥出来的知识资本的肯定,也是对知识资本发挥作用的有效激励。

(3)消费资本股东。消费资本股东即购买本企业商品或服务的消费者。把他们对本企业产品和服务的消费,看成对本企业的投资,并按消费额度以一

定的比例，参与企业利润的分配，使其成为协议股东。消费资本股东是实行新企业制度的公司的重大特色，它不同于以往任何的有限公司企业制度；将众多的顾客视为股东，真正将顾客从产品链的末端提到前端，使得他们在消费产品过程的同时能从公司的长期发展中获利。这是一种全新的视角，使生产和消费真正结合起来。

这种多元化的股权结构不仅能加强对管理层的监督和管理，更能提高员工的工作积极性，还能激励客户持续购买本企业的产品和服务，真正地实现投资主体的多元化，从纵向上实现股份制改造。

（二）分配制度的创新为消费者参与利润分配、生成养老金提供制度保障

新的分配制度是将参与企业利润分配的主体，由单一货币资本所有者，扩大到包括货币资本所有者、知识资本所有者和消费资本所有者三个共同创造企业利润的群体。三种资本所有者应得的收益，将根据他们对公司利润的具体贡献度，包括资本投入、知识贡献、消费额度等因素，综合考虑公司运营情况，予以合理分配。

实行新的分配制度，是指企业采用新的商业模式、建立新企业制度的必然结果。企业以新的市场经济理论为依据建立崭新的、科学的分配制度，即企业的货币资本股东、知识资本股东和消费资本股东共同分享利润，实行真正的、公平的分配制度。

这里要着重介绍的是消费资本参与企业利润的分配。正是由于消费资本可以参与企业利润的分配，因此，在消费者日常进行消费的同时，还应该从企业或者商家获得一定额度的收益回报。而这部分收益回报，则为消费养老金的产生提供了资金的来源。

通过货币资本、知识资本、消费资本三种资本来推动养老保险事业发展，可以化解以往在单一货币资本支持下的养老保险模式存在的融资危机、资金短缺、给付困难等诸多问题。它可以给养老保险注入可持续发展巨大的内生动力，从而推动养老保险制度发展。

第二节　消费养老创新模式的法律基础

一、消费养老创新模式具备的法学意义

建立在消费资本论基础上的消费养老创新模式，不仅具有理论依据，而且具有法律支撑。以消费资本论为理论依据的消费养老创新模式，具有以下法学特征。

(一) 符合法治经济要求

市场经济实质上是法治经济。市场经济秩序的形成、发展和资源配置，都是通过一系列法律、法规制度加以维持而实现的。现代市场经济并不是单纯的自由竞争，而是一个有序化、制度化的过程。为了保证运行机制的畅通运作，必须要有良好的公共权力体系的间接干预。而间接干预的最佳形式就是具有普遍性、客观性、规律性和强制性的国家法律。

消费资本论的核心内容，是将消费向生产领域延伸。消费者在消费的同时，即成为投资者。毋庸置疑，由消费到资本的转变，是在一个完整法治市场条件下，经过一系列的市场运作得以实现的。首先，生产者将产品作为商品拿到市场上销售，而消费者根据自由意志购买此商品，这一卖一买达成交易，两者便形成一种债权关系，这种债权关系便是一种法律关系，是权利与义务的关系，法律应当保障权利义务的实现。其次，用消费资本论的视角审视消费者的购买行为，已经不再是单纯为了获取商品，他的消费行为同时变成了一种储蓄行为和参与企业生产的投资行为。消费资本论有多种实现形式，包括消费者参股、消费者期权、消费者选择权等，通过这些方式将消费向生产领域延伸。以上诸种行为都是在市场条件下的法律行为，消费者所获取和实现的利益（法律上称作权利）是一种物权，生产者和消费者之间的关系仍是一种物权关系。两者都是权利义务的主体，各主体的地位是平等的，法律应确认市场主体的意志自主性，保护其财产权及其意志自由，对侵害他人利益的行为法律要予以追究。最后，法律要保护市场运行规则的顺利实施。市场的良性运行是由诸多规

# 消费养老创新模式
>>> ——一种新型全民养老保险模式

则构筑的。如生产资料市场规则、金融市场规则、劳动力市场规则、技术市场规则等无不需要各种法律强制力来保证其顺利运行。否则,市场将混乱无序,市场经济难以有效运转。

市场经济实质上是法治经济,其意味着一切经济活动法治化,它不仅规范社会经济活动中各主体权利义务行为,而且更要规范政府的行为。建立在消费资本论基础上的消费养老创新模式的运作与实施无不在法律规范的框架下进行。

(二) 符合权利本位要求

建立在消费资本论基础上的消费养老创新模式,植根于现代法律精神——权利本位的基础之上。

现代法的精神是与市场经济的本质和规律相适应的理性精神和价值原则。它是一个具有多样性、层次性、动态性的有机整体。权利本位是现代法精神的首要因素。商品经济是交换经济,而交换从法律角度讲就是权利的相互让渡。没有权利就没有交换可言。因而,市场经济当然是权利经济。搞市场经济就必须权利先行、权利到位,市场经济才能到位[1]。正如马克思所说:"每一个社会的经济关系首先是作为利益关系表现出来的。"[2] "人们奋斗所争取的一切,都是与他们的利益有关"[3]。利益本质上是人们乞求满足的要求、愿望或期待。追求利益是人类最一般的、最基础的心理特征和行为规律,"是一切创造性活动的源泉和动力"[4],追求利益是人的天性,市场经济的发展使得追求利益最大化的心理特征和行为规律凸显其真实面貌。承认人们的利益,就必须承认人们需要权利,因为利益在法律上表达就是权利,只有法律化为权利,才是合法的、安全的、可预测的。

消费养老创新模式就是建立在权利本位基础上的创新模式,消费者不仅关心自己所购商品的质量还要关心购物后所带来的利益。因为消费资本论最本质的要求是消费越多谋取的利益就越大,并将利益带入生产环节,成为资本,将

---

[1] 参见张文显:《市场经济与现代法的精神论略》,载《中国法学》1994年第6期。
[2] 《马克思恩格斯选集》第2卷,人民出版社1972年第四版,第537页。
[3] 《马克思恩格斯选集》第1卷,人民出版社1972年第四版,第82页。
[4] 《普列汉诺夫哲学著作选》(俄文版),三联书店1959年版,第649页。

传统的消费单一的欲望变成了多元的欲望。消费者不仅关心着消费质量同时也关心着生产流通环节的发展。

消费者权利的欲望变成实现的权利，需要有个过程，必须要有明确利益机制作保障。只有将消费者利益法律化，即消费者享有法定的权利，而生产者尽到自己的义务，利益才是合法、安全、可靠的。权利本位的法律精神意味着：权利是目的，而义务是手段，法律设定义务的目的在于保障权利的实现。

（三）符合契约（合同）自由原则

契约自由是现代法的精神内核。契约（合同）是商品经济的产物，随着市场经济的发展而普遍化和社会化。市场经济的形成，实质上就是经济关系的逐步契约化。那么，究竟什么是契约（合同）呢？法学中的契约概念为：契约（合同）是平等主体的自然人、法人及其他组织之间设立、变更、终止民事权利义务的意思表示一致的协议，是反映交易的法律形式。契约（合同）随着市场经济的发展而发展。马克思曾经指出：先有交易，后来才由交易发展为法制……这种通过交换和在交换中才产生的实际关系，后来获得了契约这样的法律形式。因此，"契约经济"成为市场经济的表征之一。契约的思想超出经济范畴而渗透到社会生活的各个领域。契约成为独立平等主体间发生交换关系和信用关系的媒介，是当事人自主而合意的行为。因而，当事人双方之间必然是、也必须是地位平等，个体独立的，平等缔约和自由缔约。如果当事人个体不独立，受这样或那样人为的束缚和支配，便不会是真实意思表示和真诚的承诺。契约的平等自由不仅表现在人的地位和人格上，而且还表现在契约的内容上。任何显失公平的契约，含有特权、奴役、歧视、剥夺性内容的契约都是无效的。

然而，契约的自由也不是绝对的，它要受到各种限制。比如，任何契约不能违反法律，不能显失公平，不能损害他人的社会利益，不能违反公序良俗，不能损坏经济秩序和公共秩序。否则将被视为无效，甚至将受到法律的制裁。

消费养老创新模式与契约遵守的原则两者有着不谋而合的共识。消费者与生产者之间的亲和力和信任度靠什么来连接和维系？消费者和生产者如何从对立走向统一？如何在市场上实现消费的资本化？消费者投资、参股、期权、分利等如何得以实现？这一切活动靠的都是契约。契约成为消费养老创新模式的

消费养老创新模式
>>>——一种新型全民养老保险模式

生命线。

消费养老创新模式中的生产者和消费者之间都是平等、自由的独立体,他们之间的买与卖都是各自合意或协议的行为,不受任何外力的影响,一旦成交就意味着两者契约的形成。契约(合同)便是反映交易的法律形式。消费养老创新模式在于把消费者提升到投资者的地位,他与商家之间没有隶属关系,是完全平等的地位。消费者从商家那里取得的利益,并非商家的恩赐,而是消费者投资的回报,投得越多回报越大,获得的养老金就越多。这种机制的形成和结果的实现,必须要有各种法律制度加以维护和保证。如果违背承诺,要承担相应的法律责任。

当然,契约(合同)形成后,并非一成不变的。契约(合同)是以设立、变更或终止民事权利义务关系为目的和宗旨的。消费养老创新模式中的商家与消费者之间在契约关系形成以后,便可以具体地享受民事权利,承担民事义务。如果遇到合同无法履行的情况发生,是可以通过双方协议一致变更相关内容,即变更原有的权利义务。因此,契约不仅导致民事法律关系的产生,而且可以成为民事法律关系变更和终止的原因。必须指出的是,变更契约(合同)关系通常是在继续保持原契约(合同)关系效力的前提下变更合同内容。

消费养老创新模式的市场运作,必须要遵循民事法律契约(合同)的有关规定进行。因为契约是当事人协商一致的产物或意思表示一致的协议,是双方合意的结果。因此,它必须要包括如下要素:第一,契约(合同)的成立必须要有两个以上的当事人;第二,各方当事人须互相做出意思表示;第三,各个意思表示是一致的,也就是说当事人达成一致的协议。缺少以上任何一项内容,都意味着契约的不成立。消费养老创新模式在商家和消费者之间形成了由消费而产生养老金的协议,这一协议的达成符合消费者和商家共同的意愿,是双方合意的结果,符合契约(合同)自由的原则。

(四)坚持自愿原则

自愿原则是世界各国民事法律中一项公理性原则。我国民法通则第四条明文规定,"民事活动应当遵循自愿原则"。所谓自愿原则,即意思自治原则的法律表现形式。"自愿"就是主体意思自由,按照国际通则的表述,就是意思自治。意思自治是指民事主体在不违反强制法的情况下依照自己的意愿安排司法关系，即自己做主判断、选择、管理自己的事务。也就是说，当事人有根据自己的意思和利益，决定是否实施某种民事法律行为，参加或不参加民事法律关系。民事权利可以由主体在法定范围内依自己意思取得，也可以依自己意思转移和抛弃。当然，民事主体自愿进行的各项自由选择，也不是随意而为，既要受到契约的约束，也要受到法律的制约。同时，合法的权益也理应受到法律的保障，并排除国家和他人的非法干预。

在消费养老创新模式实施过程中，自愿原则应当体现在如下几个方面：首先，缔约自由。消费者究竟要购买谁家的产品，与谁家签订契约，完全是自己自愿选择的权力。消费者出于关心自身利益和更高的盈利考虑，当然会选择那些管理先进、品牌优秀、盈利多、服务好的企业作为自己缔约的对象。因此，就会引起生产企业的竞争，加强管理，降低成本，提高产品质量，赢得消费者的信任获取利益的更大化。其次，内容自由。消费者在消费过程中，能够获得多少养老金？这需要有双方当事人共同商量，形成合意，用契约的形式确定下来。内容自由还表现在对已过时的内容需要变更或解除。消费者与商家双方可以经由协商变更或解除契约。最后，自愿原则还表现在争议解决方式的自由。消费者与商家之间在交易过程中可能会发生一些矛盾，甚至是纠纷。出现问题后，消费者和商家双方应充分协商，自愿选择解决的途径和办法。例如可以提起诉讼，也可以申请仲裁，或利用契约中约定的其他方式解决，等等。

自愿原则的核心是契约自由原则。它的存在和实现以平等原则的存在和实现为前提的。然而，契约自由从来都不是绝对的、无限制的自由。我国实行社会主义市场经济，注重社会公德，维护国家利益和社会公共利益，对契约的自由有许多规范。例如在我国的邮政、电信、供电、水、气、热力、交通运输、医疗等领域所存在的强制缔约，在企业、运输等许多领域盛行的定式合同都是对合同自由的限制[①]。

(五) 遵循平等原则

平等原则，也称为法律地位平等原则。这一原则集中反映了民法所调整的社会关系的本质特征，这是一条公理性原则。我国民法通则第三条规定，"当

---

① 王利明主编：《民法》，中国人民公安大学出版社1990年版，第33页。

事人在民事活动中的地位平等"。这里指的是自然人法人的民事权利能力平等、地位的平等和法律对其保护的平等。其实质是民事主体之间机会的平等和过程的平等,消费者与商家双方在主体地位上是平等的,只有这样,彼此之间的契约关系才能成立。平等是契约签订的前提。倘若民事主体没有独立平等的法律人格,合法权益平等就是一句空话。所以,平等以独立为前提,独立以平等为归宿。民事主体互不隶属,各自能独立地表达自己的意志。这就是民事法律关系区别于其他关系的主要标志。

消费养老创新模式与平等原则的本质特征和内在要求完全吻合的。消费养老创新模式高度重视消费者的权益,体现了以人为本的思想。它把消费者和商家等同看待。消费者,不论其社会地位如何,只要他是消费者,就应真诚地尊重他们的人格和权益,使其享有养老金的权益。消费者、生产者、经营者是平等合作的关系,他们之间不存在隶属关系。没有这种平等观,不可能形成体现平等的契约关系,不可能实现生产者和消费者的双赢。因此,平等原则是消费养老创新模式实现的基础条件。

(六)遵守诚信原则

诚实信用原则是市场经济活动中形成的道德法规,它要求人们在市场活动中讲究信用、恪守诺言、诚实不欺,在不损害他人利益和社会利益的前提下追求自己的利益。在市场活动中按互惠性原理办事。在订约时诚实行事,在订约后重信用,自觉履约。我国民法通则将其纳入法条之中。该法第四条规定:民事活动应当遵循诚实信用的原则,这是民法中一条基本原则。现在这一原则之内涵和外延已经远远超出了其语义。它已拓展到一切权利的和一切义务的履行,甚至成为司法机关和司法裁判的原则。成为以法律形式确认的道德规范。由于诚实信用原则内涵概括,抽象,没有色彩,无色透明,因而有"透明规定"之美称。又由于其外延具有随时间、空间而变化的不确定性,因而呈现出极大的弹性,甚至法院用其直接调整当事人之间的权利义务关系,从而,被奉为现代法院的最高指导原则。有的人将其称为"帝王条款",即当法院处理案件时,遇到立法当时未遇见的新情况、新问题时,可直接依据诚信原则行使公平裁量权,调整当事人之间的权利义务关系。所以诚实信用原则的弹性和灵活性比较大。

诚信实用原则的内容如下：

第一，以善意的方式行使权利，并获得利益。诚实信用原则要求在当事人利益之间应尊重他人利益，以对待自己事务的态度对待他人事务。不得以损害他人利益为目的而滥用权利。

第二，自觉履行义务。在订立合同时，实事求是，不得隐瞒事实真相，以假乱真；在订立合同后，严格按合同办事，自觉履行义务。在出售商品时要保证质量，不得以次充好，不得出售假冒伪劣商品，等等。

消费养老创新模式需要以诚实信用原则作为法律支撑的。消费者寄予对商家的诚信购置所需要和偏好的产品；商家更加应当遵从诚信原则将自己的产品投放市场，不得掺杂，以次充好，欺骗消费者。在做广告时，不可言过其实，吹牛撒谎；发现产品质量问题，出现瑕疵时，应当主动保修调换；在出现诉讼时，应当尊重诚信原则，尊重他人利益，从维护社会整体大局利益出发，保证法律关系的当事人都能得到自己应得的利益。商家以诚信的道德规范约束自己，既有利于消费者，也有利于自己。诚信原则是互赢原则，消费者对生产者的产品信誉，买得放心，用得踏实，产品销路才会得到拓展，生产者才能获得最大化的利益；消费者才能自愿放心地将资金投向生产者，并可以选择多种形式如参股、期权等生产领域延伸，使消费养老创新模式的道路越走越宽阔。所以说，诚实信用原则是消费养老创新模式成长、发展的生命线。

二、消费养老创新模式相关法律和政策解读

（一）《中华人民共和国公司法》相关条文

1. 相关原文

"第二十七条　股东可以用货币出资，也可以用实物、知识产权、土地使用权等可以用货币估价并可以依法转让的非货币财产作价出资；但是，法律、行政法规规定不得作为出资的财产除外。

"对作为出资的非货币财产应当评估作价，核实财产，不得高估或者低估作价。法律、行政法规对评估作价有规定的，从其规定。"

"第八十一条　股份有限公司章程应当载明下列事项：（一）公司名称和住所；（二）公司经营范围；（三）公司设立方式；（四）公司股份总数、每股

消费养老创新模式
>>>——一种新型全民养老保险模式

金额和注册资本；（五）发起人的姓名或者名称、认购的股份数、出资方式和出资时间；（六）董事会的组成、职权和议事规则；（七）公司法定代表人；（八）监事会的组成、职权和议事规则；（九）公司利润分配办法；（十）公司的解散事由与清算办法；（十一）公司的通知和公告办法；（十二）股东大会会议认为需要规定的其他事项。"

2. 原文解读

在现有的公司法下，原有的公司筹备者是公司发起人的身份，也就是生产资本股东，为企业的创建、发展提供了必要的货币资金，使得企业的生产有了最初的资本来源，其重要地位不容忽视，但是这并不影响后续的员工和消费者分别作为公司的知识资本股东和消费资本股东。

消费资本股东是把大客户、大买家吸收进来，按消费额度给予一定的股份，使其成为消费股东，真正将消费者从产品链的末端提到前端，使得消费者在消费过程的同时还能从企业的长期发展中获利。这是一种全新的视角，使生产和消费真正结合了起来，巨额消费资本的注入使得企业发展获得了不竭的动力。

这三种股东参与企业利润分配的方式可以在公司章程中载明。同时，这也符合现有公司法关于股东的规定。

(二)《中华人民共和国合同法》相关条文

1. 相关原文

"第四条　当事人依法享有自愿订立合同的权利，任何单位和个人不得非法干预。"

"第十条　当事人订立合同，有书面形式、口头形式和其他形式。法律、行政法规规定采用书面形式的，应当采用书面形式。当事人约定采用书面形式的，应当采用书面形式。"

2. 原文解读

（1）企业和员工的关系

《中华人民共和国合同法》提出了更为自由的流动原则，这将在一定程度上弱化企业和员工之间由劳动合同形成的相互制约关系。也就是说，单靠劳动合同不能完全保证队伍稳定和员工积极性的充分发挥。

企业将员工视为公司股东有助于员工和企业之间关系的稳定和员工积极性的充分发挥。员工股东代表了知识资本的力量，公司不同岗位的员工都为公司知识的积累作出了自己的贡献，尤其是专家技术人员和管理人员。技术人员和专家通过改善经营方式提高了劳动生产率或者开发了新产品，成为企业竞争优势的重要来源，而管理人员优化了企业的资源配置，为企业的长远发展指明了方向，并通过有效组织企业的资源（包括有形资产和无形资产）使得企业能够在竞争中得以胜出。所以，使专家和管理人员成为股东，是对他们发挥出来的知识资本的肯定，也是对知识资本发挥作用的有效激励。

（2）企业和消费者的关系

消费者可以通过对企业产品的消费达成一定的合同约定，而且缔结合同的形式由双方自由选择，也就是除了法律另有规定外，当事人有权采取书面形式、口头形式和其他形式订立合同。

（三）企业会计制度相关条文

企业会计制度可以规范企业会计确认、计量和报告行为，保证会计信息质量。

1. 相关原文

《企业会计准则——基本准则》第十五条规定："企业提供的会计信息应当具有可比性。

同一企业不同时期发生的相同或者相似的交易或者事项，应当采用一致的会计政策，不得随意变更。需要变更的，应当在附注中说明。

不同企业发生的相同或者相似的交易或者事项，应当采用规定的会计政策，确保会计信息口径一致、相互可比。"

第二十条规定："资产是指过去的交易或者事项形成的、由企业拥有或者控制的、预期会给企业带来经济利益的资源。

前款所指的企业过去的交易或者事项包括购买、生产、建造行为或其他交易或者事项。预期在未来发生的交易或者事项不形成资产。

由企业拥有或者控制的，是指企业享有某项资源的所有权，或者虽然不享有某项资源的所有权，但该资源能被企业所控制。……"

2. 原文解读

消费养老创新模式
>>>——一种新型全民养老保险模式

消费养老创新模式虽然在不同的企业采取了不同的利润分配方式，但是不同的企业发生的相同或者相似的交易或者事项，应当采用规定的会计政策，确保会计信息口径一致、相互可比。因此，在不同企业为消费者设定账户的时候，要为收入确认方式、养老金项目、结账后事项等确定统一的会计口径。

消费者对企业的消费是企业过去的交易或者事项形成的、预期会给企业带来经济利益的资源，构成企业的资产。在商品交易过程完成之后，消费者的购买行为可以视为一种储蓄行为，一种投资行为，企业按照一定的时间间隔把企业利润的一部分返给消费者也是符合会计准则规定的。

（四）《中华人民共和国保险法》相关条文

消费养老创新模式的核心是消费者在平时的消费过程中，商家给予消费者一定的养老金回馈制度，在不影响商家运营和消费者日常消费的过程中，实现零成本，轻松积攒养老金。它不同于普通商业保险项目，它的设立将使各类群体受益，可以在横向上覆盖所有消费行业，在纵向上普及每一个商业角落，为解决一直困扰着人们的养老问题探索了一条长期有效的新途径。

《中华人民共和国保险法》为消费者参加消费养老创新模式提供了重要的法律依据。

1. 相关原文

"第十二条　人身保险的投保人在保险合同订立时，对被保险人应当具有保险利益。……保险利益是指投保人或者被保险人对保险标的具有的法律上承认的利益。"

"第十五条　除本法另有规定或者保险合同另有约定外，保险合同成立后，投保人可以解除合同，保险人不得解除合同。"

"第三十一条　投保人对下列人员具有保险利益：（一）本人；（二）配偶、子女、父母；（三）前项以外与投保人有抚养、赡养或者抚养关系的家庭其他成员、近亲属；（四）与投保人有劳动关系的劳动者。除前款规定外，被保险人同意投保人为其订立合同的，视为投保人对被保险人具有保险利益。"

"第八十九条　经营有人寿保险业务的保险公司，除因分立、合并或者被依法撤销外，不得解散。……"

2. 原文解读

在消费养老创新模式中，消费者同意企业为其订立合同的，视为投保人对保险人具有保险利益，合同是有效的。消费者通过消费对企业的投资产生的回报存入自己的个人养老账户中，用于未来的养老。如果消费不与养老结合，仅仅视为一种投资的话，没有任何的法律问题。但是，当消费与养老结合后，由于养老的特殊性，消费者的投资回报不能随意地支取才能保证消费养老创新模式的顺利进行。消费的投资回报并不直接交给消费者，需要交由保险公司实现保值增值的目的，且在消费者达到法定年龄之后，才能领取。这样就产生了资金的安全性问题。

保险法对作为被保险人的消费者的权益进行了保护，企业作为保险人不可以解除保险合同，而保险人是经营有人寿保险业务的保险公司，除因分立、合并或者依法撤销外，也不得解散。这就对投保者放心参加消费养老创新模式提供了坚实的法律后盾。

(五)《中华人民共和国消费者权益保护法》相关条文

1. 相关原文

"第十四条　消费者在购买、使用商品和接受服务时，享有人格尊严、民族风俗习惯得到尊重的权利，享有个人信息依法得到保护的权利。"

"第十六条　经营者向消费者提供商品或者服务，应当依照本法和其他有关法律、法规的规定履行义务。经营者和消费者有约定的，应当按照约定履行义务，但双方的约定不得违背法律、法规的规定。……"

"第二十九条　经营者收集、使用消费者个人信息，应当遵循合法、正当、必要的原则，明示收集、使用信息的目的、方式和范围，并经消费者同意。经营者收集、使用消费者个人信息，应当公开其收集、使用规则，不得违反法律、法规的规定和双方的约定收集、使用信息。……"

2. 原文解读

由于消费养老创新模式中，消费者既作为所购买商品或者劳务的企业的消费者，又作为所投保险的保险公司的消费者，对于保护自身权益和信息的需求得到了消费者权益保护法的保护，有助于整个模式的顺利进行。

三、消费养老创新模式相关的政策支持

我国政府一直以来都高度重视养老工作，针对新时期我国老龄化趋势的日

消费养老创新模式
>>>——一种新型全民养老保险模式

益严重性，政府制定了多项应对措施。消费养老创新模式在实施过程中，要同国家的政策紧密结合，要贯彻和落实国家有关消费和养老方面的相关政策。具体政策包括：

1996年8月29日第八届全国人大常委会第二十一次会议通过了《中华人民共和国老年人权益保障法》，成为我国老年人权益保障的重要里程碑，对于老年人的权益保护发挥了重要的作用。其中，第三十四条规定："老年人依法享有的养老金、医疗待遇和其他待遇应当得到保障，有关机构必须按时足额支付，不得克扣、拖欠或者挪用。国家根据经济发展以及职工平均工资增长、物价上涨等情况，适时提高养老保障水平。"

2000年8月，党中央、国务院发布了《关于加强老龄工作的决定》。其中，第八条提出：完善社会保障制度，逐步建立国家、社会、家庭和个人相结合的养老保障机制。在城镇，要确保老年人生活、医疗等方面的基本要求，逐步建立起独立于企事业单位之外，资金来源多渠道、管理服务社会化的基本养老保险制度。在农村，要坚持以家庭养老为主，有条件的地区可探索多种社会养老的路子。

2004年1月6日原劳动和社会保障部令第20号公布了《企业年金试行办法》，开始了企业年金的建设，企业及其职工在依法参加基本养老保险的基础上，自愿建立的补充养老保险制度。企业年金基金由企业缴费、职工个人缴费、企业年金基金投资运营收益。采用个人账户方式进行管理，实行完全积累，可以按照国家规定投资运营。企业年金基金投资运营收益并入企业年金基金。

2006年2月，国务院办公厅同意并转发了由全国老龄委办公室、国家发改委等十部门的《关于加快发展养老服务业的意见》。该意见指出：妥善处理人口老龄化问题，关心老年人的需求，加快发展养老服务业，是贯彻落实科学发展观、坚持以人为本的具体体现。认真解决老年人生活中的实际问题，有利于保持家庭关系稳定和睦，促进老年群体与其他群体和谐相处，这是构建社会主义和谐社会的重要内容，是社会文明进步的重要标志。

2011年12月16日国务院颁布了《社会养老服务体系建设规划（2011—2015年）》（国办发〔2011〕60号），加强社会养老服务体系建设，是应对人口老龄化、保障和改善民生的必然要求；是适应传统养老模式转变、满足人民群众养老服务需求的必由之路；是解决失能、半失能老年群体养老问题、促进社会和谐稳定的当务之急；是扩大消费和促进就业的有效途径。

2013年9月13日国务院颁布了《国务院关于加快发展养老服务业的若干意见》（国发〔2013〕35号），创新体制机制，激发社会活力，充分发挥社会力量的主体作用，健全养老服务体系，满足多样化养老服务需求。

2014年2月26日国务院发布了《关于建立统一的城乡居民基本养老保险制度的意见》（国发〔2014〕8号），将新农保和城居保两项制度合并实施，在全国范围内建立统一的城乡居民基本养老保险（以下简称城乡居民养老保险）制度。

2015年1月14日国务院发布了《关于机关事业单位工作人员养老保险制度改革的决定》（国发〔2015〕2号），坚持全覆盖、保基本、多层次、可持续方针，改革现行机关事业单位工作人员退休保障制度，逐步建立独立于机关事业单位之外、资金来源多渠道、保障方式多层次、管理服务社会化的养老保险体系。

2017年3月6日国务院发布了《关于印发"十三五"国家老龄事业发展和养老体系建设规划的通知》（国发〔2017〕13号），提出到2020年"多支柱、全覆盖、更加公平、更可持续的社会保障体系更加完善"的发展目标。

2017年7月4日国务院办公厅发布了《关于加快发展商业养老保险的若干意见》（国办发〔2017〕59号），提出深化商业养老保险体制机制改革，激发创新活力，提高服务质量和效率，更好满足人民群众多样化、多层次养老保障需求。

2017年12月18日人力资源和社会保障部、财政部令第36号，公布了新的《企业年金办法》，明确了企业年金方案的订立、变更和终止；企业年金基金筹集；账户管理；企业年金待遇；管理监督办法等内容。

2019年4月16日国务院办公厅发布了《国务院关于推进养老服务发展的意见》（国办发〔2019〕5号），提出确保到2022年在保障人人享有基本养老服务的基础上，有效满足老年人多样化、多层次养老服务需求，老年人及其子女获得感、幸福感、安全感显著提高。

消费养老创新模式
>>>——一种新型全民养老保险模式

2019年11月中共中央、国务院印发《国家积极应对人口老龄化中长期规划》，提出要"夯实应对人口老龄化的社会财富储备"。

消费养老创新模式的提出和实施，能够提高老年保障水平、扩大养老金覆盖人群、夯实养老金给付水平，对于我国养老保险体系的建设和养老服务事业的发展都具有积极的作用和意义。

第五章 消费养老创新模式内容概述

第一节 消费养老创新模式的基本概念

一、消费养老创新模式的定义

消费养老创新模式，是指由政府主导和监管的、专家指导的、企业市场化运作的，根据消费资本论原理，消费者通过日常消费可获得消费资本利润作为收益，转化为养老金的新型养老保险机制。这种新型养老保险制度开辟了养老金的新渠道，是社会全体成员共同参与的全民养老、终生养老的保险体制和机制。

通过上述定义，我们可以看到，消费养老创新模式包含了以下几个内容：

第一，"消费养老创新模式"是由政府主导和监管的。这是因为养老保障制度属于社会保障的范畴，它是由国家统一进行统筹、规划和实施的。消费养老创新模式作为一种新型养老保险机制，是对国家已经实施的养老保险制度的一种补充，是多层次养老保险体系的一个组成部分。因此，消费养老创新模式的实施，需要纳入国家养老保险的管理体系，由国家出台相关法律或政策进行指导和管理。无论是从市场化运营中产生养老金，还是养老金的管理和给付，都需要国家相关部门监管，从而使消费养老创新模式的实施能够规范化运作，真正保障消费者的利益和消费养老金的安全。同时，也将大大增强消费养老创新模式的公信力和广大消费者的信任度。

第二，消费养老创新模式是由专家指导的。消费养老创新模式作为养老保

# 消费养老创新模式
>>> ——一种新型全民养老保险模式

险机制的创新，它涉及诸多的企业主体和消费者的利益，需要多个机构之间的配合和协调。在实施之初必须进行科学的设计和规划。这就需要由相关领域的专家，针对这一创新模式的实施环节和过程给出合理的设计和指导。养老金的生成过程，必须具有鲜明的科学特征。在消费养老创新模式的应用中，必须避免随意性、投机性和非理性地运作。尤其是在消费资本利润返还比例上，必须通过科学的计算而不能主观随意确定。更为重要的是，消费养老创新模式的实施可能会遇到复杂的情况和风险，需要专家对各种问题和风险进行科学分析，并提出妥善处理的办法，能够及时化解各类风险。

第三，消费养老创新模式是企业市场化运作的。企业是实施消费养老创新模式的重要主体和参与者。企业通过实施创新商业模式，把消费者的消费行为转化为投资行为，并把企业的一部分利润返还给消费者，转化为消费者的养老金。养老金的生成，是以商品或服务交易为载体而生成的。同时，企业还担负着将生成的养老金纳入政府主管部门或政府主管部门授权的机构，进行托管和监管，以确保消费养老金的安全。或者同保险公司合作，由保险公司提供相应的养老保险产品，为消费者提供养老保险服务。

第四，消费养老创新模式是根据消费资本论的原理来实施。消费资本论认为，消费者在消费过程中，不仅可以获得优质的商品和服务，同时还能够从企业获得一定的收益分配。消费资本论的这一原理，为消费者获得企业或商家利润返还提供了理论依据，从而也为消费者获得消费养老金找到了来源和出处。

第五，消费养老创新模式的资金来源是消费资本利润。消费养老创新模式同以往养老保险制度最大的不同，就是它的资金来源。消费养老创新模式的资金来源，是企业或商家分配给消费者的消费资本利润。这就决定了消费养老金的来源和筹集方式的不同。这里还要说明的是，消费养老金是消费者参与企业和商家的利润分配，是消费转化为资本后的消费者权益的一种增加。而不是企业和商家通过商品提价，然后再把这部分加价返给消费者作为养老金。这两者是有着根本区别的。前者是基于价值和利润的创造，而后者只是资金的转移支付。因此，无论是企业或商家，以及消费者都要能够清楚地认识到消费养老金的真正来源和这一活动发生所依据的经济学原理。

二、消费养老创新模式的宗旨和目标

消费养老创新模式的宗旨和目标,是要构建一个全民都可以参与的"全民养老、终生养老"的新型养老保险制度。这种新型养老保险制度,是对传统养老保险制度的创新和完善,它可开辟新的养老金渠道和来源,探索解决全社会养老难题的路径。

传统养老保险制度主要是建立在生产本位制基础上的养老保险,主要以在职人员为保险对象,并根据他们的薪酬来计算养老金缴纳和发放标准。这就导致了养老保障覆盖面的局限性,即没有覆盖到非在职人员、非计酬的劳动者和没有就业经历的庞大人群。英国和日本也曾提出要建立覆盖全民的养老保险制度,但却没有找到切实有效的解决办法。不仅如此,建立在生产本位制基础上的养老保险制度,对于不同职业、不同岗位养老金的给付标准也不统一。比如法国的养老金保险制度就明显存在这一问题。法国的养老金发放标准和行业、部门紧密联系,不同行业、不同部门执行不同的标准。这就造成了人们享受的养老金待遇和保障标准也是不同的。

消费养老创新模式的提出,将有利于化解这些难题。消费养老创新模式以"消费"这一最广泛的市场经济行为为依据,以消费者这一身份,人人都可以享有养老金,并以"消费行为"作为计算养老金的重要依据。人人都需要消费,人人均可通过消费获得养老金。所以,消费养老创新模式将"养老"和"消费"挂钩,建立的是一种能够覆盖全民的养老保险制度。此外,消费养老金的获取只和消费行为挂钩,无论消费者的性别、年龄、身份和职业,都将按照统一的标准来获取养老金。通过这些措施,消费养老创新模式充分体现了养老保险制度自建立以来一直追求的普遍性、公平性和平等性原则。

消费养老创新模式所构建的是"全民养老、终生养老"的新型养老模式。"全民养老"是指每位居民都能够参与的养老保险模式。消费养老创新模式保障的对象是消费者,任何人都可以以消费者的身份作为获取养老金资格的依据。这就打破了传统的职业身份等限制,无论这个消费者是什么职业、在岗与否,只要他(她)进行了消费,他(她)就有了参与消费养老的权利和机会,以及获取养老金的资格。

消费养老创新模式
>>>——一种新型全民养老保险模式

"终生养老"是指消费养老创新模式可以让人们从一出生就开始积攒养老金，将一个人从生到老一生的消费都联系起来，让人们的每一笔消费都能够积攒养老金。年轻的时候通过消费，可以为未来积攒一笔养老金，为未来进入老年时的消费做储备。同时，进入老年之后，作为消费者老年人仍旧可以继续积攒养老金，为其自身增加财富。

在人口老龄化趋势下，加强公民的养老意识和观念，通过消费养老创新模式构建起"全民养老、终生养老"的观念，对于补充和完善现有的养老保险制度，缓解老龄化社会下的养老难题有着重要的意义。

第二节 消费养老创新模式内容和运行机制

消费养老创新模式实施的内容，包括四个方面：（1）依托创新商业模式，完成养老金的生成过程；（2）依托政府主管部门或有资质的机构，完成养老金的托管和监管过程，包括在托管过程中养老金的保值和增值；（3）同保险公司合作，将生成的养老金直接划入保险公司，为消费者直接生成养老产品的保单；（4）养老金的发放与领取。

消费养老创新模式是通过市场行为来解决消费者的养老金问题。在实施过程中需要建立完善的组织架构，形成政府监管、消费者监督、企业市场化运作，并引入银行、保险等金融机构参与，形成一个紧密型的、强有力的运行机制。消费养老创新模式的具体实施，是涵盖消费者、商家、厂家、有形市场（地网）、无形市场（天网）、虚拟经济（订单经济）、物流业、金融业、保险业、互联网技术、大数据等诸多市场要素的有机综合体的一个系统工程。如图5-1所示。

下面我们将具体说明在消费养老创新模式的组织运营体系中，各参与主体的情况和负责内容。关于养老金的生成过程、托管和监管过程、养老金的发放与领取将另设专章详细说明。

第五章
消费养老创新模式内容概述

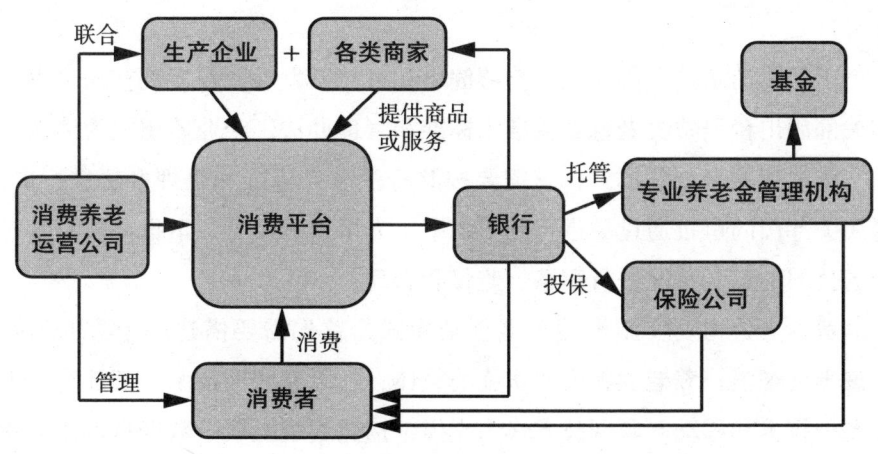

图 5-1 消费养老创新模式的组织架构

一、消费养老公司和消费平台

消费养老创新模式的实施,首先要有一家市场化运营、专门提供消费养老服务的消费养老运营主体公司(以下简称消费养老公司)。消费养老公司负责消费养老创新模式的市场推广和运营管理,它将联合生产厂家、商家和消费者,搭建多方合作共赢的消费平台,完成商品和服务的交易过程,并在交易过程中为消费者生成养老金。同时,消费养老公司同银行、专业养老金管理机构或保险公司建立战略合作关系,在国家有关部门的监督和管理下,通过银行、专业养老金管理机构或保险公司为消费者提供养老金托管服务或养老保险产品。

消费养老公司负责组织企业或商家共同实施消费养老创新模式。市场中任何合法经营的企业和商家,只要愿意给消费者让利并转化为消费养老金,都可以加入和参与消费养老创新模式。当消费者购买企业或商家的产品和服务时,企业或商家按照消费养老金的生成规则,为消费者生成消费养老金。消费养老公司既可以负责某个区域的消费养老创新模式的实施,也可以负责某个行业的消费养老创新模式的实施,也可以在全国范围内负责消费养老创新模式的实施,这要根据消费养老公司的实际情况确定。但未来也可以形成由多家消费养老公司组成的消费养老服务公司联盟组织,以便接受政府主管部门的监管和

消费养老创新模式

>>>——一种新型全民养老保险模式

指导。

为了保障消费养老创新模式能够健康和可持续发展，在发展初期可以由国家相关部门出台消费养老行业的准入标准和管理办法。企业若想成为消费养老公司实施消费养老创新模式，就需要按照行业准入标准和管理办法进行申请，获得相关部门的审批通过后进行登记备案，方可进行运营。审批部门负责对消费养老公司的运营情况进行审核、监督和管理。

消费养老公司要实施消费养老创新模式，首先需要搭建一个大的消费平台。该平台是消费养老创新模式实施的载体，它以互联网技术、云计算、大数据等多种技术和移动互联网技术作为支撑，构建起线上线下数据自由流通的网络技术平台，跟踪和记录消费者在系统平台内的消费信息数据，并依据消费养老金的计算模型，自动计算和分配养老金到消费者的个人养老金账户，或者是按照同保险公司的约定将养老金投保到保险公司。消费平台在实际的运营过程中，将发挥非常重要的作用。

消费养老公司搭建的消费平台将是一种多层次的、黏合度强的、覆盖范围广的互联网消费平台。通过对产品融合、流量引入进行深度开发，实现数据系统在线上线下自由流动，创造端到端无边界衔接的新型消费模式，对商品和服务的使用价值和价值需求细分到位，充分满足消费者的利益，从而最大限度地增加对数以亿计的网民的吸引力和黏合度，最大限度地扩展和最充分地发挥互联网经济的作用。

消费平台的构建要以最新的技术作为支撑，既要满足消费者的线上消费，同时也要满足消费者在线下实体店的消费。因此，从互联网电商的角度来看，消费平台搭建的类型应属于O2O模式。所谓"O2O模式"，是以线上电商平台为主体，为商家和消费者搭建线上交易平台，同时辐射到线下各实体商家，建立统一的会员体系和交易体系，使消费者无论是通过线上消费还是线下消费，都能够统一进行管理。同时，该消费平台最大的特征就是承担了消费养老创新模式的实施，在消费者的消费过程中，无论是线上的消费或是线下的消费，均可获得养老金。

综上所述，消费养老公司主要承担两项任务：一是消费养老公司通过搭建先进的互联网技术平台，联合数量众多的生产企业和商家，以新的商业模式作为载体，根据消费资本论将消费者的消费行为视同是对企业的投资，使消费者能够以消费资本股东的身份参与生产企业和商家利润的分配，获得一定比例的消费让利转化为消费养老金；二是通过与政府主管部门、银行、专业的养老金管理机构或者保险公司合作，将消费者获得的养老金，存储在社保机构、专业的养老金管理机构个人养老账户下进行积累，或者是购买保险公司的养老保险产品，从而为消费者的养老进行储备。

二、庞大的消费者群体

消费养老公司负责消费养老创新模式的市场宣传和推广，让消费者了解和参与到消费养老创新模式中，通过消费来获取养老金。

1. 消费者是消费养老创新模式的主要受益人。消费者是社会经济活动的非常活跃的积极因素，所有的消费者都非常关心养老金和养老问题。通过消费养老创新模式解决消费者的切身利益问题，解决养老的后顾之忧。消费者能够从这一模式中真正获益，因此能够激发消费者主动参与的热情。

2. 消费养老创新模式将消除旧的、传统的养老保险体制和机制的弊端，转变消费者、投保户、被保险人的身份，使被保险人转变为新型养老保险模式下的积极主动的参与者，以及新型养老保险模式的生力军和主力军。这将极大地调动消费者参与消费养老创新模式的积极性。

3. 消费养老创新模式是一种居民自愿积累养老金的方式。消费者只需按照自己的意愿，进行自主消费，没有时间和费用的限制，通过日常消费轻松地积攒一定额度的养老金。消费养老创新模式覆盖范围非常广泛，不受居民身份、职业和地域的限制。不同年龄段、不同职业和不同身份的人，均可加入，通过消费都可以获得相应的养老保障。因此，广大的消费者会非常积极地、踊跃地参与消费养老创新模式。

4. 消费养老创新模式由于操作便捷、自主灵活，且与居民的消费能力挂钩，逐渐成为广大民众养老的坚实支柱。运营平台依托互联网和移动互联网技术搭建网站、手机 App 或者微信公众号等多种注册渠道。消费者通过扫描二维码或是关注微信公众号进行注册，也可以通过手机 App 进行注册，下载并安装 App 客户端，填写个人信息并提交即可完成注册。手续十分简便，易被广大消费者接受。

5. 消费者只要根据自己的需要进行日常消费，就可以通过消费获得消费养老金。这里只要消费者在消费养老公司的消费平台上进行注册，并在参与消费养老金计划的任何生产企业或商家进行消费，均可按照约定的比例获得养老金。养老金在消费者的个人消费养老金账户进行积累，包括积累的养老金本金和这笔资金产生的投资收益，都将计入消费者的个人消费养老金账户中，归消费者所有。

综上所述，消费养老公司可以组织数量庞大的消费者群体参与进来，建立各自的个人消费养老金账户。

三、众多生产企业和商家的加盟

生产企业和各类商家是消费养老创新模式的重要参与者。他们为消费者提供商品或服务，并为消费者生成消费养老金。消费养老创新模式是以实际的生产和经营过程为依托，组织众多生产企业和商家加入，形成一个包括一、二、三产业的规模化的产业供应链，和数以千计的、规模化的商品供应链，以确保消费者的货款能够及时进入生产领域和经营领域转化为资本产生利润。

由于消费者可能是在各行业和各领域中进行消费，所以并不限制各类企业和商家参与消费养老创新模式的实施。只要他们有意愿加入便可向消费养老的管理机构申请加入。但是，他们必须遵从消费养老管理机构对其运行的约束和管理，比如养老金的生成、养老金的归集时间和方式等。

这里，为了将消费养老创新模式普及消费者日常各方面的消费，因此并不对自愿参加的企业和商家做过多限制，只要他们是正常经营单位，且没有其他违法违规行为，并承诺遵守管理机构的管理条例，即可加入消费养老项目的运营。

由于参与消费养老金计划的生产企业和商家有很多，对于消费者而言，具体购买哪家商家的商品或者服务，完全由消费者自行进行选择。随着参与的生产企业和商家越来越多，消费者可选择的范围就越来越大。未来可能会覆盖到社会零售品的各个行业和领域。

四、银行和第三方支付

在消费养老创新模式的实施过程中,银行和第三方支付机构也是重要的参与者。它们主要负责支付业务和资金的管理与划拨业务。首先,消费养老金产生于消费者的消费行为,目前市场上消费者购买产品和服务时的主要支付方式,是通过支付宝、微信、银联等第三方支付机构来进行支付,这个环节是必不可少的。其次,银行和银联第三方支付,为消费养老创新模式的实施提供资金划账与结算服务,将资金按照约定的方式,分别拨付给消费养老公司、商家、养老金管理机构或保险公司等。

资金结算的具体业务包括:消费养老平台同合作商家之间的资金结算;消费养老平台日常的资金管理;消费养老平台同各代理机构和代办服务网点之间的资金结算;消费养老平台同保险公司之间的资金结算等。

银行和银联第三方支付按照其提供的服务,收取相应比例的服务费用。消费养老平台通过与银联和银联第三方支付进行合作,建立起全国联网、及时清算,运行畅通的结算系统,从而保障消费养老项目的顺利实施和运行。

通过银行同商家结算和消费养老金的划拨。消费养老平台通过银行同合作的厂家和商家进行结算,在消费者每完成一笔消费之后,按照约定的时间和流程,银行将货款支付给合作的生产商家;将为消费者生成的消费养老金划拨至专业的养老金管理机构或保险公司为消费者设立的个人养老金账户。消费者可以登录账号,查询到自己的消费记录和积累的消费养老金数额。

五、保险公司

引入保险公司,是养老金管理的一种方式,是为了给消费者提供更多可选择项,来满足消费者对养老金产品的多样化需求。保险公司可以提供适合消费养老特征的商业养老保险产品,消费者可以选择将消费让利部分直接用来购买商业养老保险。保险公司可以为每一位消费会员建立养老保险账户,为消费养老金会员进行承保和养老金的管理,实现养老金的保值和增值,以及当消费者到了国家法定退休年龄时,给予消费者提供养老保险服务。

如果消费者参加的是养老保险,则消费养老平台会将消费者在消费过程中获得的消费让利划拨至保险公司。保险公司接到消费养老平台的投保信息后，履行承保协议。保险公司根据消费养老平台提供的消费者个人信息和投保金额生成保单，并以短信的形式通知消费者消费养老保单编号和内容。保险公司为消费者提供的保险订单均累计到消费养老金会员个人的养老金账户下，并进行增值和保值服务。未来，保险公司要为消费者提供养老保险服务。

六、政府管理部门、有资质的监管和托管机构

消费养老创新模式是在政府部门的监管和指导下进行实施和运营的。养老金的生成过程和养老金的监管托管过程，都必须纳入政府主管部门的管理系统。具体可采取政府主管部门垂直领导和各部门分工负责的管理体制，以确保消费养老创新模式顺利和健康的运营。

具体而言，政府管理部门主要负责：制定并出台行业标准和规则；建立消费养老行业的准入机制；监督消费养老公司的经营情况；审核和批准养老金托管机构和投资运营机构；对各个参与主体行为进行监督和管理。

专业的养老金管理机构主要负责消费养老金的托管。首先，统一为每个消费者建立个人养老金账户。其次，将市场上产生的消费养老金进行统一归集和统一管理，包括对消费养老金个人账户的管理、对消费养老资金管理、对养老金保值增值的运作和管理，以及养老金的给付管理等。

消费养老金采用基金完全积累制，在养老金的保值增值方面，还要引入具有养老金管理资质的基金公司参与进来，对消费养老基金进行投资运营管理。比如制定投资产品、投资策略组合、风险评估、信息披露等内容。

第三节 消费养老创新模式的特征

一、具有鲜明的普遍性、公平性和平等性特征

消费养老创新模式是市场经济发展到一定阶段的产物，具有鲜明的普遍性、公平性和平等性特征。

首先，消费养老创新模式保障对象的唯一身份识别，即消费者。任何人都可以成为消费者，因此任何人都可以享有获取养老金的权益。这就消除了传统养老保险制度中覆盖人群不全的弊端，摒弃了参与养老保险人的身份和诸多条件限制。因此，这是一种适合社会全体成员的养老保险制度，最大限度地扩大了养老保险的覆盖范围，充分体现了养老保险制度的普遍性原则。

其次，消费养老创新模式可弥补传统养老保险模式以在职、在岗、有薪劳动者的收入为基础缴纳和发放养老金的不足，而是以社会全体成员的消费为依据生成和发放养老金。消费养老创新模式的资金来源于人们的日常消费行为，只要进行消费，均可按照同等的比例获得养老金。消费面前人人平等，消费养老保障面前也是人人平等，这充分体现了平等性原则。

最后，消费养老创新模式属于完全积累制的养老保险模式。完全积累制是消费者自己积累的养老金完全归消费者个人所有。消费者消费得多，积累的养老金自然也多，消费者消费得少，积累的养老金相对就少。消费养老金积累的多少完全取决于消费者自身的消费能力和消费水平。消费者积累的养老金未来还可以作为消费者自己的资产被继承。因此，从消费者个人的角度来看，这是一种公平的养老金制度。

二、消费养老金可以随时随地地积累

消费是人们日常最频繁的、经常性的经济活动，人们随时随地都在进行着消费。消费养老金伴随消费行为，也可以随时随地地产生。只要发生消费的地方，就会有养老金的产生。那么，通过我们日常的消费行为，就在不知不觉中，将一部分的资金转移为养老金积攒下来，这对于整个社会的养老保障有着十分重要的意义。

三、消费养老创新模式参与的灵活性

消费养老创新模式的参与方式也很灵活，任何人都可以凭有效的身份证明自愿加入。无论消费者目前在哪个城市工作，均可按照统一的消费养老金积累规则获得养老金。未来即便消费者换了城市工作，或者更换了城市来领取养老金，养老金的获取和领取办法都不会改变。这就避免因为人们更换学习、工作和生活的城市，导致养老金领取的标准发生变化。对于消费养老创新模式而言，消费者不需要这样的担忧。消费养老金是消费者个人储蓄的养老金，不受所在区域的影响。

养老金的获取是和消费者的消费行为挂钩的，对于消费者的消费额度并没有任何的限制，消费者可根据需要自主消费。这里并不强制消费者必须什么时间消费，或者必须消费多少。这同传统养老保险制度相比，更具有灵活性。

第四节　消费养老创新模式同传统养老保险模式的比较

消费养老创新模式是对传统养老保险模式的补充。它突破了传统养老保险制度基于工资待遇核定、缴费制的模式，开创了以消费作为核定养老金的依据，无须个人直接缴纳费用，人人都有机会获得养老金的新模式。它同传统的养老保险模式相比，在六个方面存在着显著的区别。

一、理论基础不同

消费养老创新模式是依据消费资本论提出的。消费资本论着眼于从生产和消费双向看问题，是一种完全的市场经济理论，它不同于传统的不完全的市场经济理论。消费资本论反映了市场经济的全部内容和全部要求，它着眼于全体社会成员的经济行为和权益保障，而不是部分群体的经济行为和权益保障。因此，它为解决社会全体成员养老金问题，提出了新的解决思路和办法。

二、计算依据不同

在"三支柱"模式下，养老金主要是同劳动报酬挂钩，依据人们的工资或薪酬，来制定养老金的缴费和发放标准。无论是缴费确定型（简称"DC型"）计划中参保人按照其收入的固定比例缴费，还是待遇确定型（简称"DB"型）计划中按照参保人一段时间内的实际工资或相对工资来计算养老金，都是将养老金同工资挂钩，这就限制了那些没有工资收入或者没有稳定工资收入的人获得养老金保障的机会。

消费养老创新模式是同消费者的消费行为联系在一起的。消费养老创新模式的资金来源，是在消费者消费之后，商家对消费者的让利部分转化为养老金。消费养老金的获取是消费者进行消费之后才能够获得。所以，一方面，它有助于刺激消费、拉动内需，有利于消费者当期的消费；另一方面，在消费者当期消费的同时，还为消费者提供一份未来的养老金保障，这就将消费者当期消费和未来消费联系起来，两者不再是此消彼长的关系，而是相得益彰的关系。

三、资金来源不同

对于消费者而言，只要进行日常的消费即可积攒养老金。这同传统养老保险制度中，个人或者雇主缴纳的模式不同。根据消费资本论原理，消费者获得的部分利润转为养老金，既不是商家的缴费行为，也不是消费者的直接缴费行为，而是将消费者消费应得的权益，转为消费养老金进行了储蓄。这对于商家和消费者自身的利益都没有影响。

四、积累期限不同

与薪酬挂钩的养老保险模式主要是基于青年和中年在在职期间积累养老金。在未参加工作之前和退休之后，基本上都不进行养老金的积累。即便在青年或中年阶段，往往也是在就职期间积累，一旦出现失业状态，也就不再积累养老金。或者对于一些自由职业者，他们没有稳固的工作，也会影响到养老金的积累。所以，与薪酬挂钩的养老金制度的积累期限只限于人生的某些阶段。

消费养老创新模式则没有积累期限的限制，只要开通了个人消费养老金账户，在任何年龄段都可以进行养老金的积累。因此，我们说消费养老创新模式是一种终生养老的模式，消费养老金的积累没有年龄段的限制。对于个人而言，他一生的任何时期都可以积累养老金，而不是用一段时间来积累养老金。

五、参保条件不同

消费养老创新模式的受益对象是消费者，这是一个最广泛的群体。无论是谁都可以成为消费者。所以，消费养老创新模式覆盖了最大范围的人群。无论是否在职或者无业，无论在城镇还是乡村，无论身份和地位如何，无论是健康或者生病，只要是消费者，进行了消费，都可以获得一定比例的养老金。由于消费养老创新模式对任何人都没有限制，所以说它是一种全民都可以参与的养老保险制度。

这对于发展农村养老保险有着重要的意义。消费养老创新模式因为不依赖于薪酬，所以对农民而言，他们只要消费也同样可以获得消费养老金。他们获得消费养老金的规则和城市居民获得消费养老金的规则是一样的，唯一的区别只是消费水平的不同。但所有人都将按照统一的标准和规则来获得消费养老金，这有助于打破养老保险制度在城市和农村的二元差距。

除了对农村地区的特殊意义外，还有就是对家庭中未就业的人群的意义。当今社会越来越多地实现夫妻双方都就业的情况，但是不可避免的是家庭中总有部分成员没有就业，也许他们是为了承担家庭日常生活的责任。但对于这些成员而言，他们为了家庭放弃了工作，没有工作就可能失去社会提供的养老保障。而消费养老创新模式可以弥补这一缺憾。比如对于未就业的家庭主妇，她们也一样可以享有同等的消费养老金保障。

六、参保机制不同

消费养老创新模式的参保机制相对灵活、手续办理也相对简便。消费者凭有效的身份证明自愿申请加入，即可参与养老金的积累。无论消费者目前在哪个城市工作，均可按照统一的消费养老金积累规则获得养老金。

消费养老创新模式不需要消费者固定的或者持续的缴费。消费养老金的获取是和消费者的消费行为挂钩的，但对于消费者的消费额度并没有任何的限制，消费者可根据需要自主消费。对于消费者而言，无论什么时间消费，就可以什么时间获得养老金。养老金只是伴随消费行为自然产生的，无须消费者支付额外的费用。这里并不强制消费者必须什么时间消费，或者必须消费多少，因此更加灵活，更具有弹性。

消费养老金可以随时随地地积累。伴随消费行为的发生，消费养老金也可以每天随时随地地产生。消费养老模式是与市场对接、充满内生活力的养老保险模式。只要消费发生的地方，就会有养老金的产生。那么，通过我们日常的消费行为，就在不知不觉中，将一部分的资金转移为养老金积攒下来，这对于整个社会的养老保障有着重要的意义。

第六章 消费养老金的生成过程

消费养老金的生成过程是消费养老创新模式最重要的内容。它的主要任务，一是在消费者的消费过程中，为其生成消费养老金；二是要将消费养老金进行统一归集。

消费养老创新模式中消费养老金来源于市场，但由于消费行为是分散在不同地点、不同时点的，如何将这些分散信息和数据汇聚起来，组织市场上各类企业和商家让利给消费者作为养老金，就需要进行有序化的管理。企业和商家究竟让利多少给到消费者，则需要进行科学的计算，并制定出一定的标准来。企业依照这个标准来实施，才能够科学和规范地运行。因此，消费养老金的生成过程必须是合法的、科学的和规范的运作过程。唯有如此，才能确保消费养老金的安全性和稳定性。

第一节 消费养老金的生成规则

在消费养老金的生成过程中，必须具有鲜明的科学特征。在消费养老创新模式的应用中，必须避免随意性、投机性和非理性的主观意识。尤其是在消费资本利润返还比例上，必须通过科学的计算而不能主观随意确定。消费养老金的生成过程，必须是科学的、合法的和规范的运作过程。

1. 消费养老金的生成过程必须是科学的。商家对消费者的让利，即消费养老金的生成，要经过科学的计算来核定，可参照国家统计局每年公布的第一产业、第二产业、第三产业的平均利润率，参照央行的活期存款利息，参照最高人民法院、最高人民检察院相关司法解释，以及企业实际运行情况予以确定。关于养老金的生成比例，要经过数学、统计学、经济计量学等诸学科大数据来计算出综合返还率。还不仅如此，企业的利润不是直线上升的也不是直线下降的，它是围绕着平均利润率上下浮动的函数。因此，必须计算出相应的调整系数。这样计算出的消费资本利润返还才是符合实际的，才是科学的。

2. 消费养老金的生成过程必须是合法的。建立在消费资本论基础上的消费养老创新模式，不仅有充分的理论依据和鲜明的科学特征，同时还具有鲜明的法学特征和充分的法律依据。

市场经济实质上是法治经济。市场经济秩序的形成、发展和资源配置，都是通过一系列法律、法规制度加以维持而实现的。现代市场经济并不是单纯的自由竞争，而是一个有序化、制度化的过程。为了保证运行机制的畅通运作，必须要有良好的公共权力体系的间接干预。而间接干预的最佳形式就是具有普遍性、客观性、规律性和强制性的国家法律。

消费养老创新模式是在法治市场条件下，经过一系列的市场规则和运作规则得以实现。企业作为消费养老创新模式的运营主体，组织消费者参与消费养老创新模式的诸种经济行为都是在市场条件下的法律行为。消费养老创新模式的实施过程，都是通过一系列的法律法规指导，加以维持而实现的，是一个有序化、制度化和法律化的过程。

消费养老创新模式作为新生事物，在没有相关法律出台之前，应该根据国家现有的相关法律制定出管理办法，并报备政府主管部门获得批准后，依照管理办法进行规范实施。待国家出台相关法律政策后，要根据国家出台的最新法律和政策进行规范实施。消费养老创新模式虽为新生事物，但不可随意盲目操作，而是应该在国家法律法规、有关政策和主管部门的指导下进行合法操作。

3. 消费养老金的生成过程必须是规范的。消费养老创新模式在实施之前，需要先制定一套标准化的管理流程。通过互联网技术将这套标准化的管理流程进行规范实施。消费养老金的生产过程是以互联网技术为支撑的，运营平台将详细记录消费者的消费信息和养老金生成信息，按照统一的标准来生成养老金，并按照约定的时间节点将消费养老金转到专业的养老金管理机构进行托管。生产厂家和企业不可随意调整养老金生成的比例。

同时，消费养老金的生产涵盖了消费者、生产企业、商家、银行、消费养老公司等诸多市场主体，根据会计制度要求，在不同企业为消费者设定账户的时候，要为收入确认方式、养老金项目、结账后事项等确定统一的会计口径。因此，在记账科目上，要进行规范化。

在实施消费养老创新模式的过程中，我们还必须认识到，我们是处于互联网经济时代，是互联网技术全面影响经济发展的时期。同传统的经济形态相比，互联网经济具有鲜明的特征。其中，一个最重要的特征它是可以减少，甚至可以取消中间环节的直接经济。运营主体的电商平台可以同500公里以外，甚至1500公里以外的消费者直接完成交易，而无须第三者推荐，是实施消费养老创新模式最好的推广和运行工具。由于它是取消中间环节、同消费者直接实现合作的直接经济，因此，可以从根本上铲除传统营销手段的土壤，隔断消费养老创新模式同传统营销模式的联系。

综上所述，在实施消费养老创新模式的过程中，必须建立科学的支撑系统、政策法律支撑系统和互联网技术支撑系统。以此确保消费养老创新模式稳步推进和持续发展，坚守国家法律和政策的红线和底线，确保在合法合规的道路上健康运行。

第二节　消费养老金的生成过程

一、消费养老金是从消费者的消费行为中产生

消费养老创新模式的保险对象是消费者。任何消费者只要愿意都可以参加消费养老创新模式。消费者可以在实施消费养老创新模式的运营平台上进行注册，并凭各自的居民身份证办理相关手续，即可参加消费养老金计划。消费者参加消费养老金计划后，在加盟消费养老金计划的商家进行消费时，按照约定可以获得一定比例的消费养老金。

消费者要参与消费养老创新模式，首先需要在消费养老公司进行注册，提供相关资料，办理相关手续后，方可成为消费养老创新模式的受益人。消费者成为受益人，消费养老公司将在自己的运营平台上为消费者设立会员消费账

户。该账户主要是记录和统计消费者在运营平台各合作商家和生产企业的消费数据和信息,以及各合作商家和生产企业为消费者生成的消费养老金数据。

同时,消费养老公司会将消费者的身份信息传输给专业的养老金管理机构,为其开设个人养老金账户,未来消费者在消费过程中产生的消费养老金,将统一划拨至专业的养老金管理机构进行管理。这部分内容在接下来的一章中会进行详细说明。

消费者注册成功后,只要登录其消费账户在消费养老运营平台上进行购物消费,即可获取消费养老金。也可以到线下的合作商家和企业进行消费,消费完成后也可获取消费养老金,并将这笔消费养老金转到专业的养老金管理机构进行托管。

在商家为消费者设立的个人消费账户内,也会记录消费者在本商家累计获得的所有养老金金额和获得养老金的明细账单。消费者可以查看到自己获得养老金的详细过程,以及养老金托管的信息。

消费者可能到多个商家去消费,这些商家可能是分别记录消费者的消费信息,并为消费者生成消费养老金。但是,这些各自分别形成的消费养老金都将进入养老金机构为消费者设立的个人养老金账户,统一进行累计和管理。

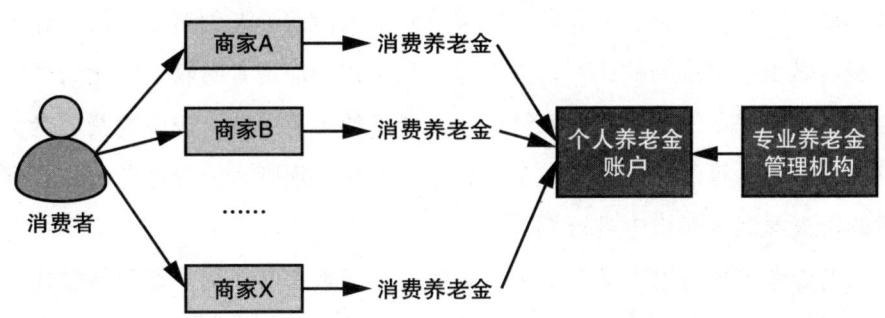

消费养老金的生成过程可描述为:①消费者先注册成为运营主体公司的会员,录入个人基本信息。注册成功后,即可开通消费账户和个人养老金账户。②消费者到商家进行消费,消费者的消费信息被记录到消费者的消费账户中。③企业或商家实施创新商业模式,为消费者生成消费养老金,计入消费者的个人养老金账户。具体流程如下图所示。

消费养老创新模式

>>>——一种新型全民养老保险模式

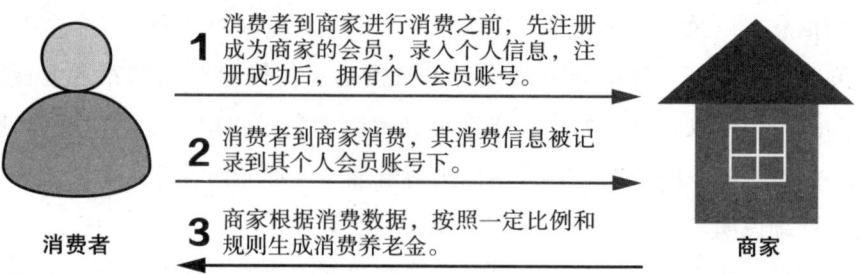

消费养老金的生成是同消费行为紧密挂钩的。消费养老金生成的多少，取决于消费者的实际消费能力。消费者消费得多，相应地，生成的养老金就多；反之亦然，消费者消费得少，生成的养老金就少。消费养老金的生成时间和每次生成的金额也不固定，消费者什么时间消费就什么时间生成养老金，消费者不消费则不生成养老金。消费者每个消费生成的养老金金额同消费者实际支付金额有关。

二、消费养老金是在厂家商家实施创新商业模式中生成

消费养老金的生成是以创新商业模式为载体。在这一过程中，企业和商家扮演着重要的角色。企业和商家要能够自愿加入消费养老创新模式的实施，并对消费者做出一定比例的让利，这部分让利可作为消费者的收入转化为消费养老金。在此条件下，企业和商家将记录消费者的每笔消费，按照消费养老金的计算模型科学计算消费养老金的金额，并按照约定规则将消费养老金归集到消费者的个人养老金账户中进行累计。

消费养老公司要组织众多的生产企业或商家来参与消费养老创新模式，就需要依托先进的互联网技术，通过搭建功能齐备、操作简便的互联网平台，来对消费者和商家、生产企业之间的消费信息进行跟踪和记录，对商家、生产企业为消费者生成的消费养老金进行管理。

生产企业和商家在消费养老创新模式的实施过程中承担着重要的角色。凡愿意实施创新商业模式并为消费者生成消费养老金的企业和商家，都可以加盟消费养老公司。消费养老公司可以通过技术服务平台，为其提供各类服务。其

中，最为重要的是跟踪和记录消费者的消费行为，从而生成消费养老金。

消费养老创新模式的实施，建议采取自愿原则。商家是否愿意参与消费养老项目，需要根据他们的想法。如果商家愿意参与到这一项目中，就可以办理相关手续参与进来。消费养老金的生成过程是一种市场化行为，要遵循基本的市场规则。

三、消费养老金生成的业务流程

根据消费资本论的原理，将消费者的消费行为视作投资行为，让消费者以消费资本所有者的身份参与到平台和商家的利润分配环节中，从而获得利润分红。

具体流程如下：

（1）运营公司搭建消费养老服务平台，可以为商家提供入驻功能，为消费者提供注册功能。消费者到入驻消费养老服务平台的商家进行消费时，即可获得消费养老金。

（2）商家自愿加盟消费养老计划，同运营公司签署加盟合同后，可以入驻消费养老服务平台。

（3）消费者自愿参加消费养老计划，在消费养老服务平台上提交个人信息，完成注册，即可拥有平台提供的会员账户。

（4）消费者根据消费需求到商家去进行消费，产生商品或服务的交易行为。

（5）商家按照消费养老服务平台的规定，消费者每完成一笔消费，即为其提供相应金额的消费养老金。

（6）消费养老金先期进入消费养老服务平台的账户，随后被统一归集到专业的养老金管理机构的账户。

第三节　消费养老金的计算模型

消费养老金是伴随消费者的每次消费行为所产生的，因此要跟踪和记录消费者的每次消费信息。消费者每次消费的金额，是计算消费者获得的养老金的重要依据。

一、消费资本的收益计算

根据消费资本论原理，运营平台以新的商业模式作为载体，将消费者的消费行为视同是对企业的投资，使消费者能够以消费资本股东的身份参与企业利润的分配，获得一定比例的利润收益，转为消费养老金。在计算消费养老金之前，需要先计算消费资本的收益。

根据消费资本论原理，企业把消费额中扣除销售成本和生成成本之后的余额，作为消费者对本企业的投资额，使消费者享受投资成果。具体计算公式如下：

$$CI = C - SC - PC$$

其中，CI 为消费者的消费资本投资额，这部分投资获取的利润将用于回报消费者；C 为消费者的消费额，SC 为销售成本，PC 为生产成本。

于是，进一步可以计算出消费者的投资系数 r，即消费者的消费投资所占消费额的比例，计算公式如下：

$$r = CI/C = (C - SC - PC)/C$$

其中，$r \in (0, 1)$，根据 r 可以计算出消费者可参与利润分配的比例。假定企业的利润为 M，则消费者可参与的利润分配为 M_c，其计算公式为：

$$M_c = M \times r$$

二、消费养老金的计算模型

假定消费者在每次消费过程中获得的养老金比例为 Ri，则对应于消费者的每一笔消费可获得的养老金 PE 金额为：

$$PE = C \times Ri$$

其中，C 为消费者的消费额。当确定了 Ri 的值，可以根据消费者每次实际消费金额 C 和养老金计算公式，计算出消费者每次消费可获得的养老金金额。

由于在实际消费过程中，商品的利润率往往是随着企业对商品的定价而不断变化。所以，在这里我们只能给出计算公式，具体数据要根据实际情况来计算。为了使计算更加科学，建议也可以参考国家统计局每年对各个行业利润率的统计情况，制定出平均利润率作为参考值。

同时，也可以参考社保缴纳的基数，以及整个社会各个行业的利润率水平，确定一个比较合适的养老金生成比例或区间值。国家可以出台相应的政策或者法律文件，进行统一规范和管理。

三、消费养老金的积累

消费者日常在消费养老运营平台上进行消费，均可获得不同金额的消费养老金。这些消费养老金都将统一计入消费者的个人养老金账户中进行累计。假定消费者每次消费获得的消费养老金用 ΔPE，之前累计的养老金金额为 PE，新的养老金金额为 PE'，则累计后的养老金金额为：

$$PE' = PE + \Delta PE$$

第四节 消费养老金涉及的消费场景研究

凡有消费的地方，就可以产生养老金。消费养老金的生成涉及消费领域非常的广泛。这里，通过对消费者消费内容、消费特点和消费方式的分析，来探究消费养老创新模式可实施的场景。同时，根据社会消费品零售总额，来估算消费养老创新模式实施后，可以积累的消费养老金规模。

一、消费的内容和特点

随着人们消费水平的提高和消费的不断升级，消费的内容和类型也越来越丰富。消费养老金主要是围绕消费者日常消费而产生的。所有同消费者日常消费相关的商业企业或商家都可以成为消费养老金生成的主体。无论其规模大小，都可以按照制定的规则为消费者生成消费养老金。

首先，是为消费者日常消费提供衣食住行用的所有商家，生产这些产品的生产型企业，以及提供服务的服务型企业。它们都可以参与消费养老创新模式

消费养老创新模式
>>>——一种新型全民养老保险模式

的实施，在消费者进行日常消费时为其提供一份消费养老金。尤其是人们日常重复消费的内容，比如餐饮类、食品类、衣物类，这些经常发生的消费行为，是产生消费养老金的重要来源。通过这些消费，可以源源不断地为消费者提供消费养老金。

除了衣食住行用之外，随着人们生活水平的提高和消费内容的升级，新兴服务消费比如健康消费、旅游、教育、培训、娱乐以及信息消费等内容在人们日常消费的比重也在不断提升。这些消费也属于个人消费行为，可以为消费者提供消费养老金。

对于个人消费者而言，有如下三个特征：①消费者的消费行为是分散的。消费者会根据自己的意愿，在任何一个商家去消费。消费者今天也许在 A 商家消费，明天在 B 商家消费。②对于不同的消费者而言，每个消费者会根据自己消费意愿做出各自的消费决策。③每个消费者的消费支出又同其收入、储蓄和可支配收入相关联。

考虑到个人消费的这些特征，消费养老创新模式在实施过程中，需要在政府的监督和管理下，由消费养老运营公司搭建一个公共的互联网平台，将各种消费类型的主体商家和企业联合起来，协助他们完成消费过程并将消费过程中产生的消费养老金进行归集。

二、互联网经济时代的消费特征

随着互联网技术和移动互联网技术的发展，互联网线上消费的场景逐渐进入人们日常生活。新零售概念的提出，使依靠线下销售的传统零售业已经不能充分满足人们的消费需求，通过互联网和移动互联网为依托进行消费行为的需求，则越来越大。新零售就是将传统的零售业和线上零售进行有机的结合，使两者在信息、商品和服务方面相互有效配合，从而打造新的消费场景。我们称为"互联网经济"。

在全球新一轮科技革命和产业变革中，互联网与各领域的融合发展具有广阔前景和无限潜力，已成为不可阻挡的时代潮流。市场经济已经进入互联网经济时代，互联网技术深刻地影响和改变着人们的生活方式和消费模式，互联网经济将全面影响实体经济的发展。市场经济也进入虚拟经济和实体经济相互结合、互动发展的新时期。

互联网经济作为一种崭新的经济形态，与传统经济相比，有着诸多鲜明的特征。第一，它是全球化经济。基于互联网的经济活动降低了空间因素的制约，大大加快了全球化的经济进程，加强了世界各地的经济相互依存性，把整个世界变成了"地球村"。第二，它是全天候运作的经济。由于信息网络24小时都在运转中，互联网经济活动就很少受到时间的制约，可以全天候连续运行。第三，它是创新性经济。互联网经济源于高技术和互联网，但又超越高技术和互联网。由于网络技术的发展日新月异，互联网经济就更需要强调研究开发与创新。第四，它是减少中间环节的"直接"经济。互联网经济组织的结构趋向扁平化，处于网络端点的生产者与消费者可以直接联系，因"产销见面"而减少，甚至不需要中间环节。第五，它是速度性经济。互联网经济以接近于实时的速度收集、处理和应用大量信息。经济节奏大大加快，创新的周期越来越短。

互联网的普及使得网购变得更加频繁。国家统计局发布的数据显示，2019年全年全国网上零售额达10.63万亿元，其中实物商品网上零售额达8.52万亿元。中国互联网络信息中心（CNNIC）发布的第45次《中国互联网络发展状况统计报告》显示，截至2020年3月，我国网络购物用户规模达7.10亿，较2018年年底增长1亿，占网民整体的78.6%；手机网络购物用户规模达7.07亿，较2018年年底增长1.16亿，占手机网民的78.9%。

随着4G技术的普及和5G技术的商用，智能终端手机可以方便快捷地影响市场的变化。通信技术和智能手机的快速发展和普及，电子商务应用在手机端发展迅速。与此同时，手机支付技术也日渐成熟，手机用户的快速增长有利于易商通商业模式的推广和深度发展。首先，社交电商、直播电商成为网络消费增长的新动能。数据估算显示，2019年社交电商交易额同比增长超过60%，远高于全国网络零售整体增速。截至2020年3月，电商直播用户规模达2.65亿，占网购用户的37.2%，占直播用户的47.3%。其次，下沉市场成为网络消费重要增量市场。截至2020年3月，三线及以下市场网购用户占该地区网民比例较2018年年底提升3.9个百分点；农村网购用户规模达1.71亿，占网购用户比例达24.1%。

消费养老创新模式

>>> ——一种新型全民养老保险模式

互联网经济的发展，无论从模式创新和经济内容上来看，都进入了一个新的发展阶段。互联网经济所拥有的网民、用户、消费者数量迅速增加。数以亿计的网民、用户、消费者是互联网经济生存和发展的原动力，是互联网经济发展最重要的根基。

三、对消费规模和消费养老金规模的分析

消费养老金注重的是日常消费的积累，既包括消费者通过电商平台的购物，也包括消费者到线下实体的消费；既包括传统的实物消费类型，也包括一些新兴的信息消费、文化娱乐消费，等等。实际上，全社会消费品的零售都可以产生养老金。这里，根据最近9年的全社会消费品零售总额，来测算消费养老创新模式实施后每年可以产生的养老金金额。

根据2011—2019年的全年社会消费品零售数据[1]，假定参加消费养老创新模式的企业消费品零售总额占到全社会消费品零售总额的30%，同时假定从消费品零售中可产生的养老金比例平均值为3%，按照这个比例进行计算，则可产生的消费养老金金额（估算）如下表所示。

消费养老金金额估算值

年份	全年社会消费品零售总额（万亿元）	参与消费养老模式企业消费品零售总额占比	消费养老金产生比例	可产生消费养老金金额（亿元）
2011	18.39	30%	3%	1655.1
2012	21.03	30%	3%	1892.7
2013	23.78	30%	3%	2140.2
2014	26.2	30%	3%	2358
2015	30.09	30%	3%	2708.1
2016	33.2	30%	3%	2988
2017	36.6	30%	3%	3294
2018	38.09	30%	3%	3428.1
2019	41.16	30%	3%	3704.4

---

[1] 该数据来自国家统计局网站。

这个数值是从全社会消费品零售中计算的每年全社会可产生的养老金规模。未来，随着国家消费升级战略的实施，社会消费品零售总额还将逐年上升，消费养老金的产生金额也将随之上升。同时，随着越来越多的企业加入消费养老创新模式的实施，在同等消费水平下消费养老金的规模也将越来越大。以 2019 年为例，当参加消费养老创新模式的企业消费品零售总额占到全社会消费品零售总额上升到 30%，则该年可产生的消费养老金金额为 3704.4 亿元。

第七章 消费养老金的托管和监管办法

消费养老金的监管托管过程,必须纳入政府主管部门的管理系统,以确保消费养老创新模式科学和规范的管理运营。因此,企业或者商家主要负责为消费者生成消费养老金,然后将消费养老金归集到专业的养老金管理机构进行统一管理。

第一节 消费养老金管理的基本原则

消费养老创新模式是对我国现有养老保险制度的一个补充,是建立多元化、多层次养老保险体系的一个组成部分。消费养老创新模式的运营和管理,只有纳入国家养老金的监督和管理体系中,按照养老金通用的管理标准进行管理,才能有效保障这一模式能够顺利实施。这里,参考其他养老金的管理办法,消费养老金的管理应该遵循以下几项原则:

一、统一管理原则

消费养老金的产生来自市场和企业,是消费者在不同时点、不同地点分散消费的,因此消费养老金的生成也是一个不断汇集和累计的过程。消费养老金的管理是统一的,而不是分散在市场各个部分。来自市场各个商家为消费者生成的养老金要归集到统一的消费者个人养老金账户,进行统一管理。无论消费者在哪里消费,最终消费者获得的消费养老金都将统一归集到消费者的个人养老金账户下,进行统一的累计和管理。

第七章 消费养老金的托管和监管办法

二、规范化管理原则

消费养老金要能够及时归集到消费者的个人养老金账户,由专业的养老金管理机构进行统一的管理。从养老金的生成,到养老金的托管和监管都是在一系列的约定程序下进行。参加消费养老计划的商家,要同养老金管理机构签署相关约束性文件,要按照约定的时间节点和流程,将生成的消费养老金及时归集到消费养老金管理机构。从资金的流转和信息的传递都必须准确和规范。

三、安全性管理原则

消费养老金的资金托管必须是安全的。消费养老金采取的是基金积累制的管理模式。从消费者开始建立个人养老金账户,开始积攒养老金到养老金的领取会有一个较长时间的间隔过程。对于消费者个人而言,他们会更加关注资金的安全性。这是模式设计和操作管理过程中的一个重要内容,消费养老金虽然注重资金的收益,但前提是资金的投资运营必须是安全的。在安全的前提下,再去考虑取得高收益。

第二节 消费养老金管理的可选择路径

根据消费养老金的性质,结合当前我国发展第三支柱的可选择的路径来进行思考,认为消费养老金管理有三条可供选择的路径。

第一路径:纳入国家第三支柱个人养老金(CIP)账户,作为第三支柱个人储蓄性养老资金来源的一种方式,同个人储蓄养老金共用一个账户,资金合并管理。

第二路径:同保险公司合作,由保险公司提供养老保险产品。将消费养老金转成养老保险金,由保险公司来提供保值增值和给付服务。

第三路径:同具有养老金管理资质的机构合作,为消费者建立单独的个人养老金账户,将消费养老金作为完全积累型养老基金,采用基金管理模式来进行统一管理。

消费养老创新模式
>>>——一种新型全民养老保险模式

本节,我们就这三种路径进行简要说明,并将其特点进行比较分析,以供各位专家研究和决策参考。

一、纳入个人养老金账户

消费养老金属于个人养老金的一种,它属于完全积累制的养老金。每个消费者获得养老金需要单独存储在为个人设置的养老金账户中,养老金的金额不断累积,养老金获得的收益也将存入个人养老金账户中进行累积。这种账户的主要特征是每个人都设有自己独立的个人专属账户。

因此,消费养老金可以并入国家目前正在建设的第三支柱个人养老金账户。据了解,国家正在建立第三支柱个人养老金账户,是为每个人设立单独的个人养老金账户,鼓励个人进行储蓄性养老。把消费养老金并入个人养老金,只需要在个人养老金账户下面设立一个子账户,即消费养老金账户,这个账户的资金来自消费养老模式产生的养老金。消费养老子账户的资金,并入个人养老金总账户的资金,同个人储蓄性养老金一起构成了个人养老金。

消费养老金并入个人养老金账户后,同其他来源的个人养老金一起进行管理和给付。在养老金的管理和运营上,消费养老金按照个人养老金的管理办法和投资规则进行管理,在给付办法上按照个人养老金的发放规则统一发放。也就是说,消费养老金并入个人养老金账户后,成为个人养老金的来源和渠道之一,除了在来源和收缴方式上不同之外,它同个人储蓄型养老金一样进行管理。

如果选择了将消费养老金纳入个人养老金账户,有下面几点优势:

(1)在资金和数据管理上更方便。由于在账户的设立上是统一的,因此有利于统一管理个人养老金的总资金,无须账户间的合并。

(2)节省了开支和成本。由于账户的合并统一,无论是养老金的投资管理运营,还是养老金的发放,都是一次性的,这就降低了多个账户的管理成本,也为个人节省了养老金的管理成本。

(3)增大了资金规模,有利于增大投资收益。账户间的合并,同时也是资金的合并。将消费养老金并入个人养老金账户,统一进行基金化管理和投资,在基金管理和投资运营方面都具有规模优势。

二、购买商业保险

消费养老金可以并入个人养老金账户,也可以用来购买商业养老保险产品。目前,国家也在鼓励商业养老保险业的发展。2017年7月4日,国务院办公厅正式发布了《关于加快发展商业养老保险的若干意见》,进一步明确了商业保险在我国养老保险领域的作用。在政策方面,国家将给予现代保险服务业和养老服务业发展的税收优惠政策,对商业保险机构一年期以上人身保险保费收入免征增值税。2017年年底前启动个人税收递延型商业养老保险试点。2018年4月,财政部、国家税务总局、人力资源和社会保障部、中国银行保险监督管理委员会、证监会等五部委联合发布《关于开展个人税收递延型商业养老保险试点的通知》(财税〔2018〕22号),宣布在上海市、福建省(含厦门市)和苏州工业园区三地实施税延养老险试点。进一步,5月7日发布的《个人税收递延型商业养老保险产品开发指引》明确了产品设计原则和管理收费模式等内容。

可以看到,国家在鼓励发展商业养老保险方面给予了诸多政策优惠和支持。因此,用消费养老金来购买商业养老保险,享受相关优惠政策,对于消费者而言也是一个非常好的选择。同时,在国家政策的支持下,商业养老保险公司未来会提供诸多创新产品,优化服务,为客户提供更加多样化的养老保险产品。商业养老保险公司之间基于市场竞争,也会不断地优化产品和服务,给消费者提供更加优惠的保险方案。这对于消费者而言,无疑也是一个利好的消息。消费养老同商业养老保险的对接,满足了消费者多样化的养老金产品的需求。

同时,对于商业养老保险公司而言,传统的固定缴费模式存在一定的不足。很多消费者存在对商业养老保险的潜在需求,但由于购买力有限,或者是对过高缴费金额的忧虑,或者是由于对产品和服务的不满意等,他们徘徊在商业养老保险的大门之外,而消费养老金无须消费者花钱购买,而是把由消费产生的养老金由运营公司拨付给保险公司生成保单,因此可以把原有的需求给激发出来,有利于商业养老保险的壮大和发展。

在之前的市场实践中,一些探索实践消费养老模式的公司已经开始同保险公司对接，并取得了不错的效果。未来需要探索将这一合作模式进行优化并加以推广。

三、建立单独的养老基金账户

消费养老金也可以选择由专业的养老金公司来托管，建立独立的养老基金账户。国家目前正在鼓励建立多层次养老保障体系，消费养老金的资金来源是市场化运营，因此建立专门的养老金管理机构，并建立独立的账户存储这批养老金，未来在资金管理上更加灵活，从而为消费者的养老保障提供更多、更好的服务。

从消费养老金的定位来看，消费养老金不同于国家基本养老保险满足个人对养老的基本保障。消费养老金是把人一生的财富进行再分配和调节，使一个人在年轻的时候享受什么样的生活，在他老年的时候仍旧可以继续享有同样的生活水准。这就意味着，消费养老金是对一个人高水准养老的一种补给。基于消费养老金的这种定位，在消费养老金的积累期间，基于经济增长水平和通货膨胀等因素的影响，消费养老基金会更加注重基本的保值增值功能和追求更高的投资收益。因此，设立单独的养老基金账户，有利于消费养老金的投资运营。

在不影响国家其他层次的养老金保障制度，也不影响个人储蓄型养老金保障制度下，消费养老作为多层次养老保障的一种，它为人们的养老保障提供了更加多元化的选择，它可以提高人们获得的养老给付水平，从而使人们享受到更加体面和休闲自在的养老生活。因此，建立单独的养老基金账户，也不失为一种可供选择的途径。

第三节 消费养老金的管理模式

一、目前国际上养老金管理模式的比较分析

目前，国内外养老金制度的筹集与发放模式可分为三种，分别为现收现付制、完全积累制和部分积累制。其中绝大多数国家实行的是现收现付制的养老金制度，我国目前采用的是部分积累制的养老金制度。

（一）现收现付制的特点

现收现付制的主要特点：一是代际转移，在职职工为上一代人支付养老金，自己的养老金则由下一代人支付；二是以支定收，需要多少养老金就征收多少；三是收入均等化，一般根据统一的退休条件决定退休待遇，并且能够实现代际之间和同一代人之间收入的再分配；四是管理简单，不存在基金的营运和保值增值问题。

现收现付制的不足之处：（1）现收现付制一是要求人口结构稳定，而人们的退休年龄提前、出生率不断下降、人口老龄化等不确定性，均会给现收现付制带来风险；二是要求经济和政治稳定，因退休金具有待遇支出刚性特征，在经济景气时可以提高退休待遇，在经济不景气时却不能降低退休待遇，这将导致财政支出不断上升，阻碍经济结构调整和经济发展，会出现缴费比例过高、资金筹集困难等问题。（2）现收现付制下出现意外收益的效应较小。（3）现收现付制会对税收造成扭曲。因为现收现付制下增加的收益现值，要小于所付额外税的现值，所以提高了边际税率。工资税可能会减少劳动供给，这意味着效率损失。

（二）完全积累制的特点

完全积累制是为克服现收现付制的弊病而发展起来的一种新的筹资模式，其特点：一是以收定支，在职时完全积累，退休后按月支付，支付水平取决于过去的积累数额；二是激励缴费，由于支付水平与本人在职时的工资和缴费直接相关，个人有缴费积极性；三是强制储蓄，使个人一生的收入和消费均等

化，能够实现自我保障，不会引起代际冲突；四是坚持效率优先原则，有利于资本市场的发育和经济发展。

基金积累制的缺点：（1）不能应对人口结构老龄化带来的养老金支付的财政危机；（2）需要应对资本市场中的高风险；（3）老年人的收入受到资本市场价格激烈变动的影响；（4）需要专门的高技术精算师及金融专家进行操作；（5）运作费用较高；（6）越是收入低的人除去了运作成本后的净收益就越低，因而扩大了老年人之间收入分配的差距；（7）造成了巨额的二重负担或转轨成本。

（三）部分积累制的特点

部分积累制是现收现付制与基金积累制的混合形式，集合了现收现付制与基金积累制的优点。该方式按当前的实际需要，加上一定的储备因素来提取养老保险基金，既在相当长的时期内保持收支平衡，又可根据经济负担能力的变化较灵活地选择和调整基金积累率。

总结现有的三种养老金来源及分配模式，可以看到：（1）传统的养老模式的资金来源都是强制性的缴付，通过政府立法或者其他强制性的规定，对在职或者具有劳动能力的人交纳一定的费用，以供退休后的养老保障。在这种模式下，其资金来源带有强制性，人们处于被动的执行者的地位。交纳费用的多少，也要按统一的标准和规定。

（2）养老金的分配模式中，现收现付制存在养老金分配均等化，一般根据统一的退休条件决定退休待遇，人人平等；管理简单，不存在基金的营运和保值增值问题，但没有其他的投资收益。完全积累制激励缴费，由于支付水平与本人在职时的工资和缴费直接相关，个人有一定的缴费积极性，但不能应对人口结构老龄化带来的养老金支付的财政危机，且越是收入低的人除去了运作成本后的净收益就越低，因而扩大了老年人之间收入分配的差距。

（3）现收现付模式只注重短期内的效果，不考虑将来；完全积累模式只管职工自己，很少顾及他人；部分积累模式则既考虑短期又考虑长期、既顾到自己又考虑他人。

（4）现收现付模式和部分积累模式都是以社会互济为基本特征，现收现付模式是当代人之间的互济；部分积累模式既包括当代人的互济，又包括不同代人之间的互济；而完全积累模式基本上没有互济功能。

（5）现收现付模式没有基金积累，不受利率变动和通货膨胀的影响；部分积累模式有相当数量的积累，受这两个因素的影响较大；完全积累模式实现的积累基金数额最大，因而受这两个因素的影响也最大。

（6）现收现付模式和完全积累模式影响平衡的因素较少，精算模型简单，测算容易；部分积累模式则受到利率、工资增长率、通货膨胀率等经济因素和人口因素变动的影响，精算模型复杂，测算困难。

二、消费养老金采用完全积累制

对比养老金管理的三种模式，消费养老金的管理办法拟采用基金积累制。在基金积累制下，通过建立个人账户，将消费者获得的消费养老金全部进入个人账户，养老待遇水平完全取决于消费者个人养老金账户中的基金积累额，基金积累额包括通过消费产生的消费养老金，以及账户基金的投资收益积累。

消费养老创新模式作为一种补充养老保险，它是在国家基本养老保险为居民提供基本养老保障之外，提供可以使每个居民享受到更高生活标准的养老保障。消费养老是同每个居民一生的消费紧密相连的，如果这个居民一直处于较高的生活水准，在年轻的时候消费能力和水平较高，那么他积攒的养老金就相对较多。到了老年之后，他仍旧可以享受到较多的消费养老金供给，使他能够继续保持与他年轻时基本相当的生活保障。如果一个居民年轻的时候，就保持比较节俭的生活标准，消费相对较少，他积攒的养老金也会相对较少，到了老年的时候，他仍旧可以维持节俭的生活标准。

所以说，消费养老这种新型的养老保险，是对一个人在年轻和年老的生活水平延续的一种保障机制。它不同于国家的基本养老保障的社会调剂功能，它注重的是在一个人自己一生的总收入水平下，在年轻和年老两个不同年龄段之间的消费能力的一种调剂。它更注重让居民在年轻和年老两个不同年龄段保持相同的生活水准。因此，消费养老创新模式是对国家基本养老保险的一种补充性的保险，是满足不同的养老需求的一种有效补充。

根据消费养老金的定位，消费养老基金的投资收益非常重要，在遵守国家对养老金管理办法规定的前提下，要尽可能选择收益比较高的投资项目，要保障消费养老基金的高收益性,以减缓通货膨胀和经济发展水平等因素的影响。

第四节　消费养老金的保值增值

消费者的养老金进入个人养老金账户后,会存储在个人养老金账户,到规定的领取年龄时领取。对于未领取的养老金,可由专项的基金管理部门,为其制定投资规划,进行安全的投资,实现市场化运作。

专业的养老金管理机构对资金的投资行为进行严格的管理,并报相关政府部门进行监督。

一、消费养老金的投资准则

消费养老金的投资应依照相关法律法规,制定严格的规定:

第一,规定养老金投资范围。

按照国家养老金的管理办法,制定养老金的投资范围,养老金可投资于养老产业、养老项目建设、国家基础建设。同时,还可以投资信用级别较高的政府债券、公司债券、可转换公司证券等。

第二,规范养老金投资风险管理。

在投资风险的管理上,债券、股票必须经政府认可的风险评估公司进行风险分类后,才能成为投资对象,而且养老金的具体投资项目还要经过政府监管部门的最终审定。

第三,投资金额的限制。

在投资上限限制上,养老金对单一项目的投资不能超过总投资额的30%,以便降低投资风险,但对政府债券投资的限制可适当放宽。

第四,规范投资市场。

在投资市场限制上,养老金投资必须要在规定的市场上进行,并且要符合最低要求,即买卖双方价格面议、对外公开信息、具备完善的基础设施和内部规章。

第五,最低收益保证的规定。

在最低收益保证上，消费养老金每月的投资收益率不得低于过去 12 个月全部养老金平均实际收益率 2 个百分点。

第六，关于准备金的规定。

准备金包括收益波动准备金和现金准备金。如资金托管方对消费养老金的投资收益率在低于最低收益标准时，可用资金托管方收益波动准备金和现金准备金予以弥补。

二、消费养老金保值增值计算方法

养老金保值增值后得到的预期收益，即养老金的未来现金流与养老金本金、时间长度、预期利率相关。若第一年养老金保值增值的平均年利率为 $R1$，年初的本金为 $P1$，距离领取年龄还有 $N1$ 年，那么采用复利计算，该年的养老金本金产生的预期收益为 $P1×(1+R1)N1$，假设某一年用第 i 年来表示，总的养老金的保值增值预期收益的计算公式可以表示如下：

$$FV = \sum Pi \times (1+Ri)Ni \qquad (7\text{-}4\text{-}1)$$

其中，FV 为养老金保值增值后的预期收益，Pi 为第 i 年年初的养老金本金，Ri 为第 i 年的平均年利率，Ni 为第 i 年距离领取养老金年龄的年数。

如果预期消费者每年的利率 R 相同、养老金本金 P 相同，起始年龄距离养老金领取年数 N 确定，那么可以直接输入公式：

$$FV = FV(i; N; -P; 0) = P \times FV(i; N; -1; 0) \qquad (7\text{-}4\text{-}2)$$

举例说明：假设某消费者每月消费 500 元，返还养老金的比例为 6%，平均年利率 i 为 5%，从 10 岁开始存取，60 岁可以领取养老金；

则 P = 500×6%×12 = 360 元 N = 60−10 = 50 年

FV = FV（5%；50；−360；0）= 360×（5%；50；−1；0）= 360×209.35

= 75366（元）

不难看出时间越久，消费越多，系数越高，预期收益越高。

第五节 消费养老金的领取

当消费者到了法定退休年龄,可持身份证到专业的养老金管理机构或者保险公司办理养老金领取手续。可根据消费者的意愿,选择一次性或者按年(或月)分期领取养老金。

一、发放机构

消费养老金的发放应由为消费者设立个人养老金账户的专业养老金管理机构来负责发放。在实际的实施过程中,消费养老金由哪个机构进行托管,就应由哪个机构来负责发放。

二、领取条件

消费养老金同其他养老金一样,是用来给消费者养老使用的,消费者需要满足法定退休年龄或者特殊情况,方可领取养老金。

消费者需要达到国家的法定年龄,方可领取养老金。目前,国家的法定退休年龄是指1978年5月24日第五届全国人民代表大会常务委员会第二次会议原则批准,现在仍然有效的《国务院关于安置老弱病残干部的暂行办法》和《国务院关于工人退休、退职的暂行办法》(国发〔1978〕104号)所规定的退休年龄。现行退休年龄为男性60周岁,女性55周岁。

《国务院办公厅关于进一步做好国有企业下岗职工基本生活保障和企业离退休人员养老金发放工作有关问题的通知》(国办发〔1999〕10号),原劳动和社会保障部1999年3月9日发布了《关于制止和纠正违反国家规定办理企业职工提前退休有关问题的通知》(劳社部发〔1999〕8号),通知指出:国家法定的企业职工退休年龄是男年满60周岁,女工人年满50周岁,女干部年满55周岁。从事井下、高温、高空、特别繁重体力劳动或其他有害身体健康工作的,退休年龄男年满55周岁,女年满45周岁,因病或非因工致残,由医院证明并经劳动鉴定委员会确认完全丧失劳动能力的,退休年龄为男年满50

周岁，女年满 45 周岁。

特殊领取条件：消费者个人在达到国家规定的退休年龄或者丧失劳动能力，可以领取养老金。此外，出国定居人员也可以将个人消费养老金一次性领取；或者个人出现重大疾病时，也可以特殊申请一次性领取所有消费养老金；如果出现死亡等意外情况，个人的消费养老金余额可以继承。

三、领取金额

由于消费养老金是基金积累制，所以消费者每次消费产生的养老金会累计在消费者的个人账户下。消费者领取养老金的总金额是消费者加入消费养老计划以来，所有累计产生养老金总的金额和每年养老金保值增值的收益金额两者之和。

比如，消费者自加入消费养老计划开始，到可以领取养老金之间的年限为 n 年，每年产生的养老金金额为 Xi，假定每年取得固定的收益比率为 r，则消费者累计的养老金为：

$$PE = \sum_{y=1}^{n} X_y \times (1+r)^{n-y} = X_1 \times (1+r)^{n-1} + X_2 \times (1+r)^{n-2} + \cdots + X_n$$

这个公式只是大致按照养老金的年度收益来计算，并假定消费者获得的消费养老金按照年度进行累计，并于第二年开始获取收益。但实际消费养老金的收益情况，应根据委托养老金管理公司给出的具体养老金产品情况进行准确计算。

这里只是说明，消费者可领取的养老金有两部分构成：一部分是产生的原始养老金的积累；另一部分是个人账户中养老金进行投资运营后的实际收益。由于消费养老金累计的时间比较久，所以它的收益部分也是相当可观的，但具体收益将取决于养老金管理公司的实际投资运营的盈利能力。同时，养老金管理机构，可以制定一个养老金最低受益保障，从而保障消费者最低可以拿出本金和基本收益保障的部分。

四、领取办法

确定领取金额之外，还要制定养老金的领取办法。

个人在具备养老金领取条件时，有三种养老金领取方式可供选择：

A. 计划提款。消费者可将个人消费养老账户中储存的养老金，按照专业的养老金管理机构为其制订的领取计划，按月领取养老金，账户余额继续按实际的投资收益率计息，并调整相应待遇。个人死亡后，账户中的余额可以继承。

B. 养老保险终身年金。由专业的养老金管理机构负责将储存的养老金，按照协议约定的比例转入一家人寿保险公司为消费者购买养老保险终身年金。购买养老保险终身年金后，由人寿保险公司每月定额支付养老金至个人死亡，此方式下的养老金结余不能继承。

C. 临时提款加终身年金。个人可将个人消费养老账户养老金存款中的一部分保留在专业的养老金管理机构，余额转入一家人寿保险公司购买养老保险终身年金，再由人寿保险公司支付养老保险终身年金。此种方法可以由消费者与专业的养老金管理机构、人寿保险公司协商决定。

五、领取流程

消费者个人须带上本人身份证、退休证明（如若有的话）、银行卡到专业的养老金管理机构提交资料，办理相关手续后，可按照养老金领取办法，领取个人养老金。

第六节　第三支柱个人消费养老金规范管理计划

"第三支柱个人消费养老金规范管理计划"（以下简称 PCPC 计划)[①] 是对"消费养老创新模式"中所产生的"消费养老金"，进行科学、合规管理的一种制度设计。

一、PCPC 计划产生的背景

在消费养老创新模式提出后，人们在实践的过程中，遇到的一个比较棘手

---

① 该计划的资料来源于中国社会保险学会和中信公证处的课题研究。

的问题，就是如何规范管理由消费过程中产生的养老金。在我国现行的社会保障体系和制度下，只规定了第一支柱基本社会保障和第二支柱企业年金的管理办法。而实施消费养老创新模式的企业自身显然不具备管理"消费养老金"的条件，因此如何在现行的制度下合法合规地管理"消费养老金"，从而使消费养老创新模式的实施能够顺利落地，变得至关重要。

2017年4月，中国社会保险学会和中国公证协会签署了《综合性公证养老战略合作协议》，开启了"综合性公证养老"法律服务研究。综合性公证养老业务，是在司法部、人社部的指导下的新型养老试点项目，旨在打造法律服务与养老服务相衔接的家事服务体系，为老年人提供遗嘱、监护、资产处置、继承及消费养老等相关服务。在开展该项课题研究中，将"消费养老业务"作为综合性公证养老业务的组成部分，从而提出了"第三支柱个人消费养老金规范管理计划"和相关业务模式。

"第三支柱个人消费养老金规范管理计划"是"消费养老业务"的试点形式之一，以下简称消费养老计划。该计划是指个人消费后的增值服务转化为个人养老金计划，是个人养老金的补充渠道。消费增值服务指消费积分、消费奖励等消费附加值形式实现个人消费养老金累积。消费养老计划管理方式由委托、受托、账管、资管、执行五方联合构成。当委托人达到国家法定的退休年龄（当前为男满60周岁，女满55周岁）后，以现金形式支取消费养老金及其增值收益部分。

为了保障消费养老金的管理能够安全、科学和规范，"第三支柱个人消费养老金规范管理计划"借鉴企业年金的模式，采用"四方管理人"作为资金管理的架构。其中，"四方管理人"是指受托人、资金管理人、账户管理人和投资管理人。

二、PCPC计划的具体内容

（一）PCPC计划的角色设置

"第三支柱个人消费养老金规范管理计划"借鉴企业年金的管理模式，设置了委托人、受托人、账户管理人、资金管理人和执行人等角色。各个角色的定义和职能说明如下：

消费养老创新模式
>>> ——一种新型全民养老保险模式

（1）委托人。委托人是指依国家法律、法规的规定，具有民事行为能力且民事行为能力未受限制的自然人，自愿参加 PCPC 计划的消费者。如委托人为无民事行为能力人或限制民事行为能力人，则该类委托人的监护人应依照法律规定承担因此而导致的相应责任。

（2）受托人。受托人由公证处担任，基于委托合同处理委托人事务，对受益人的利益负责，管理养老计划，提供公证法律及事务服务。在消费养老金计划中，受托人将负责为委托人设立专门的消费养老金存管账户，负责养老金的托管、保值增值和发放领取，以及履行监管职能。

受托人仅对委托人通过平台消费后所获得的消费养老金负责，消费养老计划不构成对委托人的消费建议，消费者因预付消费、消费欺诈、产品质量瑕疵等造成的人身及财产损失均与受托人无关。

（3）资金管理人。资金管理人由具有金融资质的银行担任，接受受托人委托，按照约定内容对消费养老金账户资金进行存管。

（4）账户管理人。账管人接受受托人的委托，并根据受托人提供的计划规则为委托人建立账户、记录入账信息、计算运营和支取收益，提供信息查询、账务核对等服务，以及接受受托人委托对消费养老基金信息明细记账及查询服务的机构。

（5）执行人。执行人是指实施消费养老创新模式的公司，通过互联网技术平台，采用线上线下相结合的方式，就"第三支柱个人消费养老金规范管理计划"在消费者、合作商户、渠道合作商中进行宣传推广，负责使委托人在消费过程中可以获得消费养老金，并将其纳入该计划。

（二）PCPC 计划的业务流程

"第三支柱个人消费养老金规范管理计划"的业务流程包括：消费养老金账户的设立，即"开户"；消费养老金的归集，即"资金入账"；消费养老金的领取，即"支取"。

（1）消费养老金账户的设立：开户—建账

计划的成立：受托人以公证处名义开立机构提存账户，存管账户的预留银行签章为"财务"专用章和"法人"人名章。受托人应对提交的上述开户申请资料的真实、准确、合法、有效性承担责任。审核通过后开户，同时将受托人账户信息提交给受托人和账管人，账管人在账管系统内建立受托人机构户。

受托人与执行人签署《受托合作协议》；执行人应和委托人签署《个人申请加入计划协议》作为《用户协议的附则》；执行人与账户管理人签署《接口服务协议》。以上签署完成的协议以及计划信息共同在监管机构备案，在计划方案得到报备批复后，相关计划信息提交给账管人，在账管系统中进行登记操作。代理人完成协议及流程备忘录签署后，视为计划正式上线。

加入计划：委托人向执行人提交含有个人实名制信息的个人开户申请，以及受托管理合同等相关信息的注册申请资料，经执行人审核通过后提交受托人和账管人。账管人在账户管理系统进行登记，完成相应系统处理，完成个人户建户，生成《个人参加消费养老计划的证明（凭证）》，视为委托人正式加入计划。

对于执行人批量导入的委托人个人信息，如在历史数据库中存在未实名制的，按手机号建账入账，支取时需按监管要求进行实名制验证和并账操作。

计划的变更：上述计划的相关信息登记生效后，如进行修改变更，在得到监管部门报备批复后，执行人应在审核后，以变更申请的形式通过线下或线上信息沟通方式提交给账管人，账管人在系统中进行处理。

（2）消费养老金的归集：入账—管存—查询账户

入账：执行人负责将委托人在消费过程中产生的消费养老金归集到受托人为委托人设立的消费养老金账户。

账管对账：账管人将委托人个人户和入账信息进行匹配，匹配一致后更新个人收益，提供对外查询，且加入计划后的对外查询数据，均由账管人提供。

账管人发现实收到账金额和入账信息总额不一致时，通知受托人进行处理，受托人和代执行人需要修正完毕后重新进行提交。

收益分配：结算代付以公证处授权及公证与管理计划的托管关系银行约定为准。

（3）消费养老金的领取：支取

委托人达到计划中约定设置的支取年龄限制后，可自行或通过执行人向受托人提出支取申请，领取消费养老金至委托人指定的本人名下账户。委托人可以选择按照月、季度或者一次性进行支取。

受托人在收到支取申请后,对提交的支取申请资料进行实名制审核,在符合金融风控要求后向账管人发送支取信息。

账管人收到支取信息,计算委托人应当享受的权益,生成支取报告返回给受托人,并记录支取原因。受托人发出支取信息,完成支取,并将支取结果同时反馈给受托人及账管人。账管人接受并记录支取信息,进行审核和销账。受托人申请支付消费养老金时需按照人民银行监管和存管人单位账户相关管理规定及操作规程办理。

(三)信息披露

(1)账管人在年度结束后45日内向委托人提交账户管理报告,并提供个人年度对账单。

(2)在法律、法规或监管部门对信息披露的相关规定发生变化时,据其进行调整。

(3)各管理人中具体负责的操作经办人员如遇岗位变动,需发送变更邮件至其他管理人和委托人,确保业务正常有序进行。

三、PCPC计划的实施管理办法

"第三支柱个人消费养老金规范管理计划"的市场推广,需要有执行人即消费养老公司来实施。愿意参与这一计划的消费养老公司可自行申请,在进行资质审核并获得批准后可以进行探索和实践。

(一)PCPC计划的申请和设立

消费养老公司作为计划的执行人,可在"第三支柱个人消费养老金规范管理计划"的指导下,制订公司的具体运营方案进行报备。根据计划中"执行人"角色的定义,消费养老公司主要承担以下职能:

(1)搭建消费平台,接受委托人即消费者的委托,将委托人提交的开户资料信息提交给受托人,由委托人为加入计划的消费者开设个人消费养老金账户。

(2)负责计划的市场推广,通过向商家和生产厂家进行宣传和推广,鼓励商家和生产厂家加盟消费养老金计划。当消费者(委托人)在加盟的商家或生产厂家消费时,能够为其生成消费养老金。

第七章
消费养老金的托管和监管办法

消费养老公司在市场推广过程中,要严格遵守国家的各项法律法规,要坚决杜绝非法集资、非法传销、虚假宣传等各种对消费者的欺诈行为。

(3)消费养老金的归集。对接第三方支付清分机构,负责将生成的消费养老金清分到受托人为委托人开设的消费养老金账户。为了保障资金的安全性,消费养老公司不接触消费者的养老金,而是按照协议约定由第三方支付清分机构直接按照计划约定的比例,将养老金进行清分。

(4)消费养老金的查询。为消费者提供消费养老金的查询,消费者消费的每笔订单都将被记录在案。消费者可以通过消费养老公司开发的消费平台查询到自己的每笔消费订单和所产生的养老金金额,以及消费养老金明细,也包括消费者个人消费养老金账户保值增值信息。

(5)消费养老金的领取。消费养老公司可以为消费者提供消费养老金的申请渠道。当消费者达到了可领取养老金的年限,消费者可以通过消费养老公司开发的消费平台填写和提交养老金领取申请表。申请表得到受托人审核通过后,消费者即可从受托人处领取到消费养老金。

(二)PCPC 计划的实施和管理

消费养老公司作为计划的执行人,加入"第三支柱个人消费养老金规范管理计划",负责市场的推广和宣传,并接受相关部门的监督和管理。

消费养老公司将根据《消费资本论》的原理,制定出科学的养老金生成比例和办法,并报有关部门进行备案。

消费者在执行方(消费养老公司)搭建的消费平台进行注册后,可自愿申请加入 PCPC 计划。消费者加入 PCPC 计划后,由受托人为其设立独立的个人消费养老金账户。

消费者在执行方搭建的消费平台上进行消费,获得的消费养老金将由第三方支付机构直接对消费资金进行清分。消费养老金直接进入受托人在资管银行开设的提存账户。

受托人在消费养老金的托管过程中,可以委托具有资质的投资机构负责投资运营,实现消费养老金的保值增值。

独立的账户管理人会详细记录每笔消费养老金的进出情况,以及消费养老金的本金、利息、累计结余等明细账目。

消费养老创新模式
>>>——一种新型全民养老保险模式

消费者到了法定退休年龄后,可以按照约定的方式,从受托人处领取个人消费养老金账户中的资金,从而为其老年生活提供保障。

消费养老公司要保证在PCPC计划的市场推广过程中,采用合法合规的营销办法,在国家法律法规允许的范围内进行科学运营。

个人消费养老金规范管理计划侧重点在于养老金的管理,至于执行人的市场运营方案取决于执行人自身的发展战略。因此,为了保障消费养老创新模式的合法合规实施,对执行人的监管就变得十分重要。"第三支柱个人消费养老金规范管理计划"明确提出,加盟该计划的消费养老公司要严格遵守国家的各项法律法规,诚信经营,要坚决杜绝非法集资、非法传销等各种对消费者的欺诈行为。

第三篇

消费养老创新模式在实践中的应用

第八章 相关原则

第一节 基本要求

消费养老创新模式是由政府主导和监管的、专家指导的、企业市场化运作的,根据消费资本论原理,消费者通过日常消费可获得消费资本利润,转化为养老金的新型养老保险机制。这种新型养老保险制度开辟了养老资金的新渠道,找到了生生不息、永续长存、源源不断的养老金新的源泉,是一种与市场对接、充满内生活力的养老创新模式,是社会全体成员共同参与的全民养老、终生养老的保险体制和机制。

通过上述定义,我们可以看到,消费养老创新模式在实践中的应用要严格遵守它的定义,做到以下几点:

第一,消费养老创新模式是由政府主导和监管的。这是因为,养老保障制度属于社会保障的范畴,它是由国家统一进行统筹、规划和实施的。消费养老创新模式作为一种新型养老保险机制,是对国家已经实施的养老保险制度的一种补充,是多层次养老保险体系的一个组成部分。因此,消费养老创新模式的实施,需要纳入国家养老保险的管理体系,由国家出台相关法律或政策进行指导和管理。无论是从市场化运营中产生养老金,还是养老金的管理和给付,都需要国家相关部门监管,从而使消费养老创新模式的实施能够规范化运作,真正保障消费者的利益和消费养老金的安全。同时,也将大大增强消费养老创新模式的公信力和广大消费者的信任度。

第二,消费养老创新模式是由专家指导的。消费养老创新模式作为养老保险机制的创新,它涉及诸多的企业主体和消费者的利益,需要多个机构之间的

消费养老创新模式
>>>——一种新型全民养老保险模式

配合和协调,在实施之初必须进行科学的设计和规划。这就需要由相关领域的专家,针对这一创新模式的实施环节和过程给出合理的设计和指导。养老金的生成过程,必须具有鲜明的科学特征。在消费养老创新模式的应用中,必须避免随意性、投机性和非理性的运作。尤其是在消费资本利润返还比例上,必须通过科学的计算而不能主观随意确定。更为重要的是,消费养老创新模式的实施可能会遇到复杂的情况和风险,需要专家对各种问题和风险进行科学分析,并提出妥善处理的办法,能够及时化解各类风险。

第三,消费养老创新模式是企业市场化运作的。企业是实施创新模式的重要主体和参与者。企业通过实施创新商业模式,把消费者的消费行为转化为投资行为,并把企业的一部分利润返还给消费者,转化为消费者的养老金。养老金的生成,是以商品或服务交易为载体而生成的。同时,企业还担负着将生成的养老金纳入政府主管部门或政府主管部门授权的机构,进行托管和监管,以确保消费养老金的安全。或者同保险公司合作,由保险公司提供相应的养老保险产品,为消费者提供养老保险服务。

在消费养老创新模式的实施过程中,特别是消费养老金的生成过程,必须是合法的、合规的和科学的,才能保证养老金的安全性和稳定性。在养老金的生成过程中,必须具有鲜明的科学特征,在消费养老创新模式的实施中,必须避免随意性、投机性和非理性的主观意识。尤其是在消费资本利润返还比例上,必须通过科学的计算而不能主观随意确定。

(1)消费养老金的生成过程必须是科学的。商家对消费者的让利,即消费养老金的生成,要经过科学的计算来核定,可参照国家统计局每年公布的第一产业、第二产业、第三产业的平均利润率,参照央行的活期存款利息,参照最高人民法院、最高人民检察院相关司法解释,以及企业实际运行情况予以确定。关于养老金的生成比例,要经过数学、统计学、经济计量学等诸学科大数据来计算出综合返还率。不仅如此,企业的利润不是直线上升的也不是直线下降的,它是围绕着平均利润率上下浮动的函数。因此必须计算出相应的调整系数。这样计算出的消费资本利润返还才是符合实际的,才是科学的。

(2)消费养老金的生成过程必须是合法的。建立在消费资本论基础上的消费养老创新模式,不仅有充分的理论依据和鲜明的科学特征,同时还具有鲜明的法学特征和充分的法律依据。

市场经济实质上是法治经济。市场经济秩序的形成、发展和资源配置，都是通过一系列法律、法规制度加以维持而实现的。现代市场经济并不是单纯的自由竞争，而是一个有序化、制度化的过程。为了保证运行机制的畅通运作，必须要有良好的公共权力体系的间接干预。而间接干预的最佳形式就是具有普遍性、客观性、规律性和强制性的国家法律。

消费养老创新模式是在法治市场条件下，经过一系列的市场规则和运作规则得以实现。企业作为消费养老创新模式的运营主体，组织消费者参与消费养老创新模式的诸种经济行为都是在市场条件下的法律行为。消费养老创新模式的实施过程，都是通过一系列的法律法规指导，加以维持而实现的，是一个有序化、制度化和法治化的过程。

消费养老创新模式作为新生事物，在没有相关法律出台之前，应该根据国家现有的相关法律制定出管理办法，并报备政府主管部门获得批准后，依照管理办法进行规范实施。待国家出台相关法律政策后，要根据国家出台的最新法律和政策进行规范实施。消费养老创新模式虽为新生事物，但不可随意盲目操作，而是应该在国家法律法规、有关政策和主管部门的指导下进行合法操作。

（3）消费养老金的生成过程必须是规范的。消费养老创新模式在实施之前，需要先制定一套标准化的管理流程。通过互联网技术将这套标准化的管理流程进行规范实施。消费养老金的生产过程是以互联网技术为支撑的，运营平台将详细记录消费者的消费信息和养老金生成信息，按照统一的标准来生成养老金，并按照约定的时间节点将消费养老金转到专业的养老金管理机构进行托管。生产厂家和企业不可随意调整养老金生成的比例。

同时，消费养老金的生产涵盖了消费者、生产企业、商家、银行、消费养老公司等诸多市场主体，根据会计制度要求，在不同企业为消费者设定账户的时候，要为收入确认方式、养老金项目、结账后事项等确定统一的会计口径。因此，在记账科目上，要进行规范化。

在实施消费养老创新模式的过程中，我们还必须认识到，我们是处于互联网经济时代，是互联网技术全面影响经济发展的时期。同传统的经济形态相比，互联网经济具有鲜明的特征。其中，一个最重要的特征它是可以减少，甚至可以取消中间环节的直接经济。运营主体的电商平台可以同500公里以外，甚至1500公里以外的消费者直接完成交易，而无须第三者推荐，是实施消费养老创新模式最好的推广和运行工具。由于它是取消中间环节，同消费者直接实现合作的直接经济，因此，可以从根本上铲除传统营销手段的土壤，隔断消费养老创新模式同传统营销模式的联系。

第二节　基本原则

在消费养老创新模式实践过程中，通过市场经济运行各项规则和相关的制度规定，以保障实现消费者在消费过程中能够获得消费养老金。为此，企业在消费养老创新模式实施过程中要遵从诚实守信、质量为先、利益共享、科学创新、可持续发展以及依法经营的原则。

一、诚实守信原则

在实施消费养老创新模式时，消费养老公司要始终坚持诚信原则。对于消费者，讲究的是要合理引导消费者的消费行为，不能够故意诱导或者误导消费者盲目进行非理性消费。非理性消费不仅损害消费者的利益，长期来看也将损害企业自身的利益。此外，消费养老公司要对自己的产品和行为负责，能够保障产品质量和企业信息的公开透明，不做任何虚假广告和宣传，接受政府主管部门和消费者的监督。企业对消费者养老金生成比例的承诺要能够兑现，不能作虚假承诺，不能做违背诚信原则的事情。

二、质量为先原则

消费养老公司在实施消费养老创新模式中，要能够保证产品和服务的质量。消费养老创新模式使消费者通过日常的消费能够获得一笔养老金，这是对消费者权益的充分尊重，实际上也提升了消费的价值，带给消费者更多的好处。但企业如果忽略了对产品和服务的质量保障，用假冒伪劣产品以次充好，欺骗消费者，将会损害消费者的利益，也将严重背离了消费养老创新模式的宗旨。

三、利益共享原则

制定消费养老金生成比例时，要兼顾商家、消费者及其他参与者各方的利益，科学制定出合理的利益分配模型。利益分配模型的制定，是要依据加盟商家的生产和经营活动的特点，科学计算出其利润空间和消费者参与分配的利润模型。在实施过程中，还要不断根据实际情况进行调整和完善，从而有效保障各参与方的利益。

四、科学创新原则

充分尊重市场经济发展基本规律，并在我国现行法律法规约束范围内的创新，才是科学的创新。消费养老创新模式也要具备两个特征：首先，它的实施要符合当前市场经济发展的阶段和市场经济发展的基本规律；其次，要在我国现行的法律法规所允许的范围内进行创新。

五、可持续发展的原则

消费养老创新模式是将消费行为作为养老金的来源，消费者在消费过程中能够以消费资本股东的身份参与利润分配，这一过程的前提是企业自身要能够有足够的盈利能力。而消费养老金只是企业所能实现利润中分配给消费者的一部分。企业若一味地提高养老金比例，且危及自身可持续发展的行为，则是不可取的。消费养老创新模式应遵循企业可持续发展的原则。

六、依法经营原则

市场经济是法治经济。消费养老创新模式的实施，必须遵守国家法律、法规和政策。尤其是对国家明令禁止的商业行为，企业要严禁涉及和坚决杜绝。消费养老创新模式的实施企业须严以自律和严格依法经营，不能有任何与法律条款相抵触的实施内容。

第三节 基本条件

消费养老创新模式，不仅有理论依据和科学特征，同时还具有法学特征和法律依据。消费养老创新模式是在法治市场条件下，经过一系列的市场规则和运作规则得以实现。企业作为消费养老创新模式的运营主体，组织消费者参与消费养老创新模式的诸种经济行为都是在市场条件下的法律行为。消费养老创新模式的实施过程，都是通过一系列的法律法规指导，加以维持而实现的，是一个有序化、制度化和法治化的过程。

为此，消费养老创新模式实施过程中，需要建立三大支撑系统：一是科学支撑系统，消费养老创新模式以符合市场经济发展的基本规律和科学性为重要指导思想，建立起科学的支撑系统，保障消费养老金的来源是科学和安全的。二是法律支撑系统，保证消费养老创新模式是在我国现行法律法规允许的范围内进行合理创新，保障养老金的运营和管理是合法的、安全的、可持续的。三是互联网技术支撑系统，使消费者的消费行为和养老金的生成、托管过程都是基于互联网来实现，便捷、安全和高效。通过三大支撑系统，从而保证消费养老创新模式的顺利实施和企业的可持续发展。

一、必须建立科学支撑系统

消费资本论的核心内容是把消费向生产和经营领域的延伸，消费者的货款要进入生产和经营领域成为资本，成为企业发展的动力，才能产生利润。因此，企业实施消费养老创新模式，要以实际的生产过程和经营过程作为依托。在实施过程中，必须组织和建立多种产业类别的、规模化的产业供应链；必须组织和建立一个多品种的、数以百计千计的、规模化的产品供应链，从而可以使消费者的货款能够进入生产领域和经营领域的条件，转化为资本产生利润，使企业具有给消费者分配利润的实际能力。这是企业实施消费资本论的必备条件之一。

此外，按照消费资本论的要求，消费者投入企业中的消费资本产生的利润，必须采用一系列科学的计算方法，包括应用数学模型和物理模型进行计算。企业利润的形成，受多种因素的影响，对其中的必然因素和偶然因素可以采用蒙特·卡罗数学模型进行对比分析和利用反馈理论来进行统计和计算。统计时要把诸多的参数、概率等制约因素（在数学中叫边界条件）考虑进去。从计量经济学的角度来量化消费资本，使其更加严谨、更加客观，达到公正和准确。通过数学模型或物理模型测算，得出消费者投资所产生的利润和在企业全部经营总利润中的比重，然后按协议有关规定的间隔期限，将利润返还给消费者。对消费者利润分配必须是在合理的分配区间，随意地夸大消费者利益分配权限或做出虚假承诺，是违背经济学规律的，也是违背消费资本理论的基本内容的。

消费资本参与企业利润分配，是企业根据消费者购买商品的金额，进行科学计算，分配给消费者的利润是企业总利润的一部分。企业可根据消费者的消费金额，计算出消费者应该参与企业利润分配的金额，将企业利润的一部分分配给消费者，即消费者参与企业利润所得分红，其额度不能超过企业的总利润。具体利润分配比例的计算，要根据企业的实际运营和盈利情况而定。

二、必须建立法律支撑系统

消费养老创新模式是在法治市场条件下，经过一系列的市场规则和运作规则得以实现的。企业作为消费养老创新模式的运营主体，吸收和组织消费者参与消费养老创新模式的诸种经济行为都是在市场条件下的法律行为。

市场经济实质上是法治经济，它意味着一切经济活动的法治化。消费资本论在实践中的应用，无不需要各种法律强制力来保证其顺利运行。否则，市场将混乱无序，市场经济难以有效运转。

第一，消费养老创新模式的实施，是将消费向生产领域和经营领域延伸，消费者在消费的同时变成投资者，于是消费者可以参与商家的利润分配，并将这部分利润（商家的让利）转化为消费养老金，这个转化过程是在一个完整法治市场条件下，经过一系列的市场规则和运作规则得以实现的。

第二，消费养老创新模式的市场运作，必须要遵循法律、契约的有关规定进行。契约要受到各种限制，比如任何契约都不能违反法律，不能显失公平，

消费养老创新模式
>>>——一种新型全民养老保险模式

不能损害他人和社会利益，不能破坏经济秩序和公共秩序，否则将被视为无效，甚至受到法律的制裁。

第三，消费养老创新模式在应用中，必须坚持诚实和信用原则。在消费养老公司同商家和消费者订约时，要做到诚实守信；在订约后，也要重信用，自觉履约。消费养老创新模式是以诚实信用的原则作为法律支撑的，诚实信用原则是消费养老创新模式广泛应用的生命线。

第四，消费养老创新模式的法学属性还包括政府制定的各项有关政策规定和条例。消费养老创新模式在应用过程中和消费养老金的托管和投资运营过程中，将严格遵循政府制定的各项政策规定、条例和实施办法等。

第五，对于尚未明确法律界定的问题，企业要随时向当地主管部门请示和备案，并取得当地主管部门的指导，并严格按照国家有关部门的指导意见进行实施。

消费养老创新模式的实施，将以我国法律、法规和各项政策规定为基础，遵守国家和地方相关法律法规的有关规定，进行规范操作，充分保护各参与方和消费者的合法权益，充分维护良好的社会经济秩序。

三、必须建立互联网支撑系统

在实施消费养老创新模式的过程中，我们还必须认识到，我们是处于互联网经济时代，是互联网技术全面影响经济发展的时期。同传统的经济形态相比，它具有鲜明的特征。第一，它是全球化经济。产品和产品服务信息瞬间可以传到全世界各个角落，当然，瞬间也可以传到全国各个角落。第二，是全天候经济。8小时人工参与工作，其余16小时机器继续为我们工作。第三，它是可以减少，甚至可以取消中间环节的直接经济。第四，它是速度性经济，业务一开始就即时记录、计算、整理和处理，精确而高效，是实施消费养老创新模式最好的推广和运行手段。由于它是取消中间环节的，同消费者直接实现合作的直接经济，因此，可以从根本上消除传统营销手段的土壤，隔断传统营销模式同消费养老创新模式的联系。

第九章 操作守则

一、准入原则

第一条 消费养老创新模式的运营主体平台公司和入驻的供应商和实体商家等，都必须是在工商行政管理部门登记注册、具有正规营业执照的机构。

特殊行业的企业还需要具有国家规定的相关资质，务必保证各个参与方是在政府许可经营范围内进行合法经营的企业，才可开展和参与消费养老计划的相关业务。

第二条 消费养老创新模式各参与方需提供的资质证明材料包括：

（一）营业执照正副本复印件（注：在经营期限内）。

（二）所提供的服务或者所售商品均属于经营范围内。

（三）生产或者经营地址证明，需要有正规的场所产权或者是租赁合同。

（四）法人身份证（正反面扫描件或复印件）。

（五）特殊行业需要提供行业的资质证明文件或者许可经营证件。

（六）品牌资质（需在有效期年限内）。

1. 自有品牌：提供商标注册证书或注册受理通知书。（若办理过变更、转让、续展，则一并提供商标颁发的变更、转让、续展证明或受理通知书）

2. 代理品牌：提供以下两方面的资料。

（1）商标注册证书或受理通知书复印件。

（2）品牌代理授权文件或者合同及相关证明文件。

（七）签署商品质量和服务保障承诺函。

第三条 资质材料注意事项

（一）入驻消费养老平台的各商家或供应商提交的证件要清晰。

（二）所有扫描件需加盖公司公章。

（三）营业执照需按时年检。

（四）品牌名称需严格按照商标注册证上的英文或中文填写。

第四条 消费养老创新模式的参与方须提供联系人、电话、地址或官方网站等联系方式，保证消费者的知情权等有关权利和权益。

第五条 消费养老平台需具备相关基础硬件及技术、资金和服务人员，以保证平台从设计、建成到投入运营及后期维护有充足的技术和资金的投入。相关技术和服务人员应具有该领域的基础知识和职业素质，保证消费养老平台的运行和维护需要。

二、合同有效准则

第六条 消费养老公司、生产厂家、供应商、消费者、银行以及其他各参与机构，共同完成了消费养老创新模式的实施。各参与机构之间，以及和消费者之间都应以合同的形式来明确各方的权利与义务。

合同成立的要件：

（一）订约人的主体是参与消费养老创新模式的双方或者多方当事人，合同的主体是合同关系的当事人，他们是实际享受合同权利并承担合同义务的人；

（二）订约当事人对主要条款达成合意，合同成立的根本标志在于合同当事人就合同的主要条款达成合意。

第七条 消费养老公司同商家和供应商签订的合同或合约需提供正规的合同格式，应当按照公平、公正原则确定交易双方的权利与义务，以及相关责任条款，并加盖公章和署名。

第八条 商家和供应商提供的合同条款中有违法或不合理免除其责任、加重消费者责任、排除消费者法定权利内容的，该条款无效。

第九条 订立合同要明确成立时间和地点。

合同可以为电子合同或者纸质合同。电子合同则以当事人确认生效的时间为准。即对双方当事人产生法律效力的时间。纸质合同则以当事人完成盖章和签署的实际时间为准。

合同的地点以当事人实际主要营业地，或其经常居住地为合同成立的地点，当事人另有约定的从其约定。

第十条 在合同中双方需以双方盖章和签名，或者约定使用电子签名、数据电文，也可以选择由第三方认证的电子签名来做生效保证。

第十一条 合同可以在双方自愿、平等、协商一致的基础上进行修改，但是合同修改后的内容仍要符合法律的规定。

三、行为规范准则

消费养老创新模式是一种有序化、制度化和法治化的过程，必须依法经营。为此，还要对参与的人员和有关经济活动行为进行约束。

第十二条 消费养老公司在市场推广过程中，严禁违规收取消费者的费用，严禁以任何名目非法集资。

第十三条 消费养老公司和参与消费养老模式的商家，均不得以虚假承诺高收益方式吸引消费。

第十四条 消费养老公司在市场推广过程中，禁止采用通过发展人员，要求被发展人员交纳费用或者以认购商品等方式变相交纳费用，取得加入或者发展其他人员加入的资格，从而牟取非法利益。

第十五条 消费养老公司在市场推广过程中，禁止采用通过发展人员，并对被发展人员以其直接或者间接发展的人员数量或者销售业绩为依据计算和给付报酬（包括物质奖励和其他经济利益），从而牟取非法利益。

第十六条 任何扰乱市场秩序、损害消费者利益的行为，都应该被禁止。

第十七条 除上述明令禁止行为外，任何对消费者、国家和社会产生不良影响的活动或行为都应被禁止。

第十八条 消费养老公司要根据国家出台的《中华人民共和国电子商务法》，严格要求商家和供应商保证产品质量和服务，严厉杜绝造假售假、以次充好等行为的发生。

第十九条 商家通过网络平台销售商品时，要对所销售的商品进行详细标识，包括商品的名称、种类、规格、成分、性能、用途、产地、等级、价格、生产日期、有效期限等有关情况，以及在销售过程中涉及的配送范围、配送方式、运费标准等信息，进行清楚的显示以供消费者知情，不得利用任何手段或以任何方式欺骗、误导消费者。

四、监督管理准则

第二十条　参与消费养老创新模式的公司和各合作机构，在开展消费养老创新模式的经营和管理活动中，要接受来自各主管部门的监督和管理。

消费养老创新模式中涉及法律法规和国家政策都尚未明确界定的经济行为时，应主动向有关政府主管部门进行申报，并按照主管部门的指导意见进行实施。

第二十一条　在消费养老创新模式的实施过程中，消费者作为消费养老金的受益人，其权益要得到合法保护。为此，公司和各合作机构有义务接受来自消费者的监督。

第二十二条　参与消费养老创新模式的各类商家和供应商，须是正规注册和合法经营的企业，在提供商品和服务要根据市场规律合理定价，并接受市场监督管理部门的监管。

第二十三条　参与消费养老创新模式的各类商家和供应商，要保证通过消费养老平台销售的商品的质量，是符合国家质检部门和行业协会的质量标准，并主动配合接受检查和抽查。

第二十四条　消费养老金的管理须要纳入国家对养老金管理的范围之内，要符合国家出台的有关养老金的管理办法，以及养老金投资运营的有关规定。

为了确保消费养老金的安全管理，参与消费养老创新模式的企业和机构要加强财务会计管理的内部监督，明晰各自责任，对养老金的管理要公开和透明。

五、信息安全准则

第二十五条　消费养老创新模式的出现，是在市场经济进入买方市场条件下以互联网技术为支撑、以信息数据交换作为交易方式，而出现的一种新型商业形态。信息数据承载了消费这一经济行为活动和养老金的全部内容，因此应得到安全和妥善的管理。

第二十六条　依据《中华人民共和国网络安全法》和《网络安全审查办

法》等相关法律法规，严格规范消费养老创新模式各参与方在互联网平台上开展的各种活动和有关行为，必须符合国家的法律规定。

第二十七条　消费养老公司作为消费平台的研发和运营方，应当遵守信息安全准则，保护好消费者的个人隐私和信息数据安全。从技术层面上加强信息安全防护，保障平台的数据准确记录和保存，确保不被泄露、不被篡改和不丢失。

第二十八条　要加强参与人员的信息安全知识教育，以及相关法律知识的教育，使其树立维护信息安全的正确观念和强烈意识。应最大限度确保消费者的信息资料的管理者或接触者不因个人道德问题而有泄露的风险。

第二十九条　要针对信息数据安全方面制定相关规章制度，以便对公司员工的行为进行约束和管理。一方面公司要提高技术人员防病毒、防恶意攻击、防恶意泄露的意识；另一方面要防止员工本人制造病毒，严防员工监守自盗的行为。

第三十条　应当加强病毒防范。消费养老实施平台应做好业务终端的病毒防范工作，防止计算机病毒及木马等恶意程序能导致系统破坏、数据泄露、网络中断等严重安全事件发生；如一旦发现病毒，应及时将情况报告给信息管理人员进行处理。

第三十一条　提高和强化保密意识，对于一些重要信息和关键数据要进行加密处理，部署防火墙、入侵检测、杀毒软件等多元化的信息安全防护，以及从外部网络防护到内网安全、主机安全等防护体系建设。

第三十二条　要加强项目运营过程中的信息安全管理工作，一经发现有违规行为要严肃处理，情形严重的要移送司法机关。

第三十三条　此外，还要提醒消费者注意个人信息的自我保护。

（一）提醒消费者在消费养老平台系统下的用户名、姓名、身份证、密码等相关重要信息要做好保护工作，不可随意告知他人；

（二）提醒消费者在设置账户密码时，尽量避免使用连续相同数字或字母；

（三）提醒消费者注意安全等级的设置；

六、电子支付安全准则

第三十四条 消费养老创新模式的实施以互联网为支撑,消费者的支付行为、商家货款结算、养老金托管等各种资金往来,都将通过现代电子支付的手段完成,因此要确保电子支付安全。

第三十五条 消费养老平台的服务系统应保证网络顺畅,以便快捷地进行电子支付。

第三十六条 消费养老平台应向消费者提供安全、可靠、合法和便捷的付款方式,如支付宝、微信、银联、信用卡、快捷支付等常见的支付方式。

第三十七条 消费养老平台应在技术和管理上确保与付款有关的环境及信息系统的安全,即应完善网络安全防护体系。

第三十八条 消费养老平台要保证采用安全技术来确保电子支付的信息流通和操作安全,如防火墙、滤波和加密技术等,要加快发展更安全的信息安全技术,包括更强的加密技术等。

第三十九条 应当对平台相关员工进行支付安全信息教育、通过技能培训提高员工应对可能出现的支付风险的能力,为消费者的售后服务提供可靠保障。

七、知识产权保护准则

第四十条 消费养老公司搭建的实施平台是各类商家和消费者直接发生交易关系的场所,其交易的物品须是符合法律规定的物质产品和知识产品,在交易过程中涉及的知识产权应得到保护。

第四十一条 消费养老公司应加强自身知识产权保护,按照国家有关法律法规的规定办理专利、商标、著作权、计算机软件等项目的申请、注册登记、年费缴纳、延期续展、著录事项变更等事务,并制定相应的知识产权保护措施。

第四十二条 消费养老公司在同其他合作方签署合同时,要注明合作产生的知识产权归属,涉及技术内容应约定保密条款。

第四十三条 消费养老公司在销售合作方提供的商品时,应要求商家和供应商能够提供相应的知识产权证明文件,保障所售商品的产权明晰,拥有或者享用相关授权等基本权利,避免销售存在产权纠纷的商品。

第四十四条 在必要的情况下,消费养老公司应对所售商品的专利技术、商标、著作权等知识产权进行必要的调查,以避免因侵犯他人知识产权而引起纠纷。

第四十五条 加强对员工进行知识产权方面的教育和培训,提高员工知识产权保护的意识和相关专业知识。

八、缔约准则

第四十六条 消费养老创新模式在实施过程中,所形成的有形的或无形的契约,应该是符合法律规定并受到法律保护的。

这些契约包括:

(一)消费者和商家之间的买卖契约,在法律上保障了消费者所购商品的质量合格、价格正常、退换货和售后服务完善等权益。

(二)消费养老公司和商家之间的服务契约,保障了平台在为商家提供服务的过程中,能够按照合同约定获得一定比例的平台使用服务费。

(三)银行或第三方支付机构在进行相关款项的结算和扣除时,要保障其收费的合规合法性。

(四)消费者作为养老金的受益人,将依法享受到养老金的价值增值和养老金的领取等权益。

(五)养老金的领取条件须按照国家法定的退休年龄依法享有领取的权益,任何一方不可更改法定的退休年龄。

第四十七条 围绕消费养老金在各个参与主体之间所形成缔约关系,应以法律契约的形式固定下来,各方在平等自愿的基础上形成合意。

(一)消费者加入或退出消费养老金计划,是在平等自愿的基础上的一种契约关系。

(二)养老金生成比例的契约。加入消费养老创新模式的商家,在平等自愿的基础上同消费养老平台约定以何种比例为消费者生成消费养老金。

第四十八条 消费养老公司、消费者、加盟商家、银行及养老金管理机构在缔约时,各方利益都应按照契约形式平等地表示,并遵从利益共享原则。

(一)各类不同的加盟商家应平等享受银行结算、扣除、划拨相关款项的服务,不因加盟商家的行业、规模或销量而不同。

(二)消费者在消费过程中所享受到的消费养老金权益,不因消费者的年龄、性别、职业和身份而出现不同。任何消费者获得的消费养老金权益都是相同的。

(三)消费者和商家缔结的消费养老金契约关系,使消费者获得了养老金权益,对于商家而言也使得商家获得消费者的信任和实现增收,这种关系也是一种利益共享的关系。

(四)银行及养老金管理机构在参与消费养老创新模式过程中,提供了相关服务,也获得了相关收益。

第四十九条 消费养老创新模式中,消费者对消费养老公司、加盟商家、银行和养老金管理机构寄予了信任,消费养老公司、加盟商家、银行和养老金管理机构应恪守诚信原则,共同维护消费养老创新模式的健康有序运行。

(一)加盟商家应遵从诚信原则,保障所售商品和服务不得掺假,以次充好,欺骗消费者。

(二)消费养老公司和加盟商家应遵从诚信原则,在广告宣传中不可夸大宣传或者虚假宣传,误导消费者。

(三)加盟商家发现产品质量问题,出现瑕疵时,应当主动保修调换。

(四)加盟商家与银行所签署契约后,银行应本着诚信原则依照协议规定按时按量完成金额结算及相应款项的扣除和支付。

(五)银行与保险公司签订协议后,应按照协议规定的内容完成本职服务。

(六)消费养老金管理机构应完全履行给消费者委托的养老金进行管理,要保障资金的安全和运营的透明化,不得对消费者有任何隐瞒和欺骗。

九、交易纠纷处理准则

第五十条 当消费者通过消费养老平台进行消费时,如若出现交易问题,加盟商家应及时与消费者进行沟通。

（一）明确问题出现的环节和原因，争取以双方协商的原则来确定解决方法。

（二）在加盟商家和消费者之间无法达成一致意见时，消费养老平台可以维护消费者的基本权益不受损害原则来协商解决。

（三）若无法通过上述办法协商解决，可诉至法律。

第五十一条 应充分考虑物流运输环节的风险，消费者、加盟商家及物流商之间应及时沟通，提前明晰责任。

（一）应明确消费者能否按时收到货物风险的责任归属，相关方应在出现问题时说明原因。

（二）应明确货物中途损坏或灭失风险的责任归属，相关方应在出现问题时说明原因。

（三）各方应优先以自愿协商的原则寻求解决途径，若无法自行解决的可采取法律手段处理。

第五十二条 消费者在收到货物后，如发生因某种原因导致消费者提出退换货的要求，加盟商家要与消费者本着自愿、协商的原则进行沟通。

若非因质量问题且尚未使用过的商品，消费者可在收到商品之日起七日内更换或退货，更换或退货中发生的运输、包装、邮寄等有关费用由消费者承担。

第五十三条 关于处理消费养老公司、加盟商家、消费者和养老金管理机构之间的纠纷，遵从以下原则：

（一）提前明晰各方的权责，并以合同的形式进行约定。

（二）本着自愿协商的原则，以合同条款为依据，进行协商处理。

（三）任何一方不满协商结果，可以诉诸法律。

十、违规处理准则

第五十四条 对以上准则，消费养老公司在同各参与方签订合同时，进行如下约定：

（一）一般违规行为，一经查实，则要求违规一方纠正其行为，并给予适当的处罚措施。

（二）严重违规行为，一经查实，则可以解除同其合作关系，并责令其对造成的损失做出补偿。情节严重的，要承担相应的法律责任。

十一、附则

第五十五条　本守则为约束参与消费养老创新模式各参与方的行为而制定，可由消费养老公司制定、发布并负责解释。

第五十六条　本守则根据消费养老公司运营情况及目前技术条件制定，将来根据制度和技术变化可适时修改。

第五十七条　本守则经审核做出修订后，将重新颁布执行。

第十章　关于进一步加强管理的几项政策建议

消费养老创新模式作为新生事物,要在全国和全社会落地实施需要一个过程,需要消费者、企业和社会全面了解和认识的过程,更需要制定行业标准和政策来对其进行约束。

本章主要从政府监管、法律法规的约束和市场自律三个维度来考虑,在消费养老创新模式落地实施的过程中,如何保障这一新生事物能够科学和规范地落地实施,能够不走偏、不走样,不被炒作、不被利用,而是真正发挥对社会经济发展和养老保障事业的重要作用。

从政府监管到相配套的法律法规、金融政策、保险政策等各种政策的出台,对实施消费养老创新模式的企业进行规范和监管,以及企业在实施过程中自我约束和规范运作,对于消费养老创新模式的科学实施和健康发展都是非常重要的。

第一节　政府的职能

消费养老创新模式是为了解决人们在老龄化社会下的养老金问题,它应归属于社会保障的范畴,应该得到社会保障部门的引导、监督和管理。

在消费养老创新模式的定义中,也指出该模式是在政府的监督和指导下来进行实施。因此,消费养老创新模式能否顺利实施,发挥对社会经济和养老保障事业的重要作用,同政府的引导和监管是分不开的。

消费养老创新模式
>>>——一种新型全民养老保险模式

一、监管的重要性和意义

在研究国外的养老保险制度发展史的过程中，政府在推动养老保险制度的建立和发展中发挥了重要作用。英国政府是最早建立社会保障制度的国家，它早在17世纪政府就颁布了《济贫法》，到了20世纪初期随着社会经济的发展，英国政府又推行了一系列的社会保障法典和相关政策，推动养老保险制度和其他各种社会保障福利制度的改革。在德国、法国、美国、日本、瑞典等国家，都是由政府来主导并以立法的方式来推动养老保险制度的改革。由此可见，政府在养老保险制度的改革和创新中，发挥着重要的作用。

同样地，我国养老保险制度自1951年建立至今，也是在国家有关部门和各项政策的指导下进行的创新和改革。新时期，消费养老创新模式的创新来自市场，最初是由市场自发产生的，但随着这一模式的提出和实施，政府的作用就凸显出来了。在消费养老金的科学生成、消费养老金的托管办法、托管部门和投资运营等方面，都需要由政府来统一指导和监管。消费养老金涉及的不是一个企业、一个地区，它涉及的是全社会每个人的养老，因此从消费养老金的规模和作用上，它都不是一个企业所能负责的，它需要由国家和政府来宏观调控。

政府的宏观调控和监督管理，对消费养老创新模式的落地实施具有重要的意义。具体表现在以下几个方面：

（1）政府的宏观调控，能够为消费养老创新模式的发展指明方向，能够明确消费养老创新模式的定位、作用和意义。

（2）政府的宏观调控，能够有效发挥消费养老创新模式对社会经济发展的作用，能够扩大消费、拉动内需，能够带动老年消费市场的繁荣发展，使各个产业之间协同发展，经济结构更加合理和稳固。

（3）政府的监督管理，能够为消费养老创新模式建立起行业规则和标准，能够设立准入制度，保障消费养老创新模式的推广有序进行，先局部地区试点再推向全国。

（4）政府的监督管理，能够监控企业的市场化运营，避免企业之间恶性竞争和不正当竞争，扰乱市场经济秩序，损害其他企业和消费者的利益。

(5) 政府的监督管理，可以使实施消费养老创新模式的主体运营企业和消费养老金专业管理机构规范操作，不存在欺诈行为和欺骗行为，不能侵犯消费者的隐私权等基本权益，不能损害消费者应得利益，保障消费养老金的安全性。

(6) 政府的监督管理，可以使违犯相关规定的企业或者个人，侵害他人权益的企业和个人，受到应有的惩罚，对市场起到以儆效尤的效果，从而保障行业的健康发展。

二、监管的对象和内容

消费养老金是一种个人养老金的积累方式，在传统的"三支柱"模式中，它同第三支柱的个人养老金积累有着异曲同工之效。目前，国家正在大力发展养老保障体系中的第三支柱个人养老金，这时推出消费养老创新模式对发展第三支柱和建立个人养老金有着重要的意义，消费养老金可以成为个人养老金积累的重要途径之一。国家可以将消费养老金纳入第三支柱个人养老金的管理体系中，进行统一的监管和管理。

参考国外养老金管理办法和国内社保基金、企业年金、职业年金的管理办法，根据消费养老创新模式自身的特点，政府可以在以下几个方面对消费养老创新模式进行监督和管理。国家人社部门和银保监会是养老基金市场的主要监管者，可共同建立一个完善的协同监管的体系，实现监管职能的专业化分工和协作。

(一) 对实施消费养老创新模式的企业进行监管

前面的章节中，讲述了主体运营企业在实施消费养老创新模式中的作用。企业负责搭建消费场景，对接加盟商家和生产企业，为消费者提供商品和服务。更为重要的是，企业负责消费养老金的生成过程。消费者在每次的消费过程中产生多少养老金？养老金如何管理？养老金如何结算？这些都是由企业来负责进行设计、管理和运营的，因此为了保障消费养老金的来源是规范的，就要对消费养老金的生成过程进行监管。

首先，是对消费养老金生成比例进行监管。消费养老金是商家对消费者消费行为的一种激励反馈，是在消费者购买了商品和服务之后，根据消费者的购

消费养老创新模式
>>>——一种新型全民养老保险模式

买金额的一定比例来生成。因此,在每一笔交易过程中,可以为消费者生成多少消费养老金,是根据商品的价格和成本来计算得到的。由于市场价格是可以波动的,所以这里并没有固定的数值和比例。但如果不进行约束,企业在计算消费养老金的过程中偏高或者偏低甚至造假,都会影响这一模式实施的效果。因此,政府可以根据各个行业的商品均价来进行评估,利用行业大数据计算出合理的取值区间。通过政府来制定取值区间和比例范围,企业根据自身实际经营情况来取具体数值,这就可以保障养老金的生成比例是科学合理的。

其次,是对企业生成的消费养老金进行监管。企业为消费者生成消费养老金后,消费养老金的所有权归消费者所有,消费养老金要统一归集到专业机构来管理。作为企业只是进行市场化运营,从企业性质和经营范围来看,都不具备管理消费养老金的资质。同时,由于企业是市场化运营,本身可以倒闭或者破产,所以消费养老金必须从企业分离出来单独管理,才能保证资金的安全性。这里,政府要对消费养老金的托管过程进行监管,使养老金能够在规定的时间内,按照一定的流程进入托管机构,要避免养老金在企业停留时间过长,给资金的安全性带来风险。

最后,对企业的市场营销行为进行监管。消费养老创新模式自提出以来,受到了不诚信企业的冲击,市场还需要进一步建立诚信体系。有些企业在市场营销过程中,采用了政府禁止的传销行为,导致整个社会对消费养老模式产生了误解。因此,未来消费养老创新模式的实施,必须采用合法合规的、政府所允许的营销模式。对于那些可能会损害到消费者利益的营销模式,或者不被允许的营销模式,是不能打着创新的名义,混入企业的营销行为中的。为了遏制这种行为,需要政府对企业的市场营销行为进行监管,维护正常的市场经济秩序。

(二)对托管消费养老金的管理机构进行监管

消费养老金作为养老金,它的主要特征就是调节人们在不同年龄段的消费能力。养老金是要到退休年龄才能够领取的一笔存款。它的存储周期会比较长,安全性要求比较高。同时,为了保障养老金未来能够保障消费者的老年生活,养老金的保值增值也非常重要,尤其是要考虑物价水平、通货膨胀等因素,这些都会影响到养老金的价值。因此,消费养老金是要委托专业的养老金

第十章
关于进一步加强管理的几项政策建议

管理机构来管理。

这里，养老金机构的资质需要政府批准。政府管理部门制定和公布养老金管理机构的有关要求和标准，并负责对其核实后颁发资质证明。企业只能将消费养老金委托给具有资质的养老金管理机构，这就保障了养老金的流向和归集是安全的。消费养老金被统一归集到具有国家批准资质的专业的养老金管理机构，就避免了出现非法集资、金融诈骗的陷阱。

养老金的保值增值需要金融机构来投资运营。投资运营是有风险的，为了把风险控制在合理区间内，需要政府来规定消费养老金可以投资运营的范围。消费养老金是完全积累制的养老金，所以它对保值增值的要求更高，如果不能保障其增值水平会影响到消费者参与的积极性。此外，消费养老金是第三支柱的养老金，人们已经有了社保基金和企业年金来作为基本保障，因此消费养老金的可投资范围相对宽泛些，风险容忍度更高一些，这将有利于消费养老金的价值增值，有利于调动消费者的积极性。

第二节 出台相关法律法规

市场经济是法治经济。消费养老创新模式的提出是通过市场行为来帮助人们积攒养老金，消费养老创新模式的实施同市场经济紧密相关，其中养老金的来源是通过市场行为来解决的。因此，消费养老创新模式也应该受到相关法律法规的约束和指导，是在国家出台的法律法规的指导下开展相关活动。

目前，对于消费养老创新模式还缺少相关的法律法规的指导。由于现有的法律法规是对现有的经济行为和经济现象的约束，它不可能对尚未出现的经济行为和经济现象进行约束。然而，当新的经济行为或者经济现象出现的时候，就需要国家来出台新的法律法规，来对这一新的经济行为和经济现象进行约束，从而使新的经济行为和经济现象，能够遵从人们普遍认同和接受的规则。

随着消费养老创新模式在市场上的推广，出台相关的法律法规已经迫在眉睫。消费养老创新模式作为一新生事物，它的一些行为在现行的法律框架内，找不到依据，这就对法律法规提出了新的要求。在国家出台相关政策同时，法

消费养老创新模式
>>>——一种新型全民养老保险模式

律的保障也非常重要,在一些关键问题和环节上需要国家出台相关法律进行约束和规范。新的经济行为和现象已经出现了,如若不通过法律来约束和规范,放任自流的话,可能会导致出现行业乱象,不利于这一模式的推广和应用。

消费养老创新模式会涉及哪些法律问题,则需要专业的法律专家进行研究和探讨。这里先就实际操作中遇到的有关问题,进行初步的探讨。

(1) 对消费者参与企业利润分配的权益保障。消费养老金来源于消费者根据其消费行为参与企业的利润分配所获的收益,转化为消费养老金。这里需要确认的是消费者和企业之间的这种关系。在传统的市场经济下,买卖双方都是货款两清,而在新的市场经济环境下,消费者的消费行为带有投资的性质,消费者应该能够从企业获得利润分配,成为消费养老金的来源。

这里,需要从法律的角度来对企业或商家同消费者之间的这种关系,从法律上给予明确,作为消费者享有从商家获得利润分配的权利。当然,至于消费者是否能够获得利润分配,也和企业的实际经营相关。如果企业经营良好获得了利润,则可以拿出一部分分配给消费者。如果企业经营不善出现亏损,那么企业也就无法给予消费者利润分配。也就是说,消费者从法律上获得的一种收益分配的权利,但这种权利的执行还要取决于企业的实际经营和是否有利润的存在这一前提条件。

(2) 消费者获得养老金生成比例的界定。企业愿意将利润的一定比例拿出来给消费者进行分配。但这个比例具体是多少,目前尚没有统一规定。在实际操作过程中,企业的利润往往是不固定的,随着市场行情和企业经营能力而浮动,甚至还会出现亏损。因此,这就导致了消费者获得的可分配利润是不确定的。在这种情况下,这就需要出台相关的政策予以规范。

消费者参与的利润分配所获得的收益,是要全部都转成消费养老金,还是一部分转成消费养老金,另一部分用于当前的消费。从经济学的角度来看,这都是可行的。在消费养老创新模式提出之前,这部分利润分配全部是用于当前的消费。消费养老创新模式的提出,这部分利润分配还可以转为消费养老金。这里就出现了消费者获得的利润分配转成消费养老金的比例问题。比例不确定,将会给实施带来一定的难度。

基于上述问题的分析,建议可以从法律的角度,合理制定一个消费养老金

第十章
关于进一步加强管理的几项政策建议

生成比例的范围，为企业生成消费养老金提供了一个法律依据。否则，企业在实施过程中，存在较大的主观性，容易导致养老金生成比例的浮动较大，难以取得消费者的信任。而相对稳定的养老金比例，使消费者能够了解和掌握与自身权益相关的信息，从而增强消费者对企业和消费养老创新模式的信任度。同时，也使得企业有了法律的依据，能够放心和规范实施。

（3）关于主体运营企业负责消费者养老金管理权限的规定。主体运营企业作为消费养老创新模式的实施者，它们负责为消费者生成消费养老金。也就是说，消费者从企业获得的消费养老金，并非企业直接缴纳到专业的养老金管理机构，而是由主体运营企业来负责统一收缴和统一归集。在这一过程中，主体运营企业应该将消费者的养老金和企业自身经营收入区别开来。主体运营企业为其他企业或者商家提供了网络销售平台、提供广告业务或者引流等服务，可以正常收取费用或进行销售提成，这是主体运营企业正常的经营收入。同时，企业或商家给消费者的消费养老金会由主体运营企业进行扣缴并归集到专业的养老金管理机构，这里就要明确这部分资金平台是否能够收入相关手续费用，具体收入多少的手续费用。这就需要从法律的角度，给予明确的规定。企业在实际操作中，应该按照法律的规定来执行，并非靠主观意愿来决定。这样才能避免企业收缴不合理的现象，避免损害到消费者的合法权益。

（4）消费养老金托管过程中各种收费比例的确定。消费养老金将统一归集到专业的养老金管理机构进行托管。专业的养老金机构是否向消费者收取资金管理费用或是账户管理费用，以及收取的标准。为了实现消费养老金的保值增值，专业的养老金管理机构还将消费者的养老金委托投资机构进行投资，以获得一定的投资收益。这里，投资机构在管理这笔资金的时候会收入管理费用，具体收取多少费用。这些问题都需要从法律法规的角度来给予规定，使这些机构在参与过程中能够做到有法可依、有章可循。

（5）关于消费者对养老金的所有权和权益转让的规定。消费养老金的所有权归消费者所有，养老金管理机构只是受托来管理这笔资金。因此，在对运营主体企业和养老金管理机构的资金进行清算的时候，消费者的消费养老金不属于其清算财产，非因个人账户基金财产承担的债务，不得对基金财产强制执行。消费者在可领取养老金的时候，对其养老金有支配权，消费者可以将其养老金转让给他人,以及消费者未能领取的养老金,可以由继承人进行继承。对于消费者的这些权益,可以通过法律法规来进行规定,从而使消费者的合法权益得到保护。

第三节 优惠政策支持

消费养老创新模式是人口老龄化社会下的一项大胆探索性举措,有助于化解人口老龄化所带来的养老金不足的难题。这一模式的实施,可谓对国家经济发展和个人养老保障都是有利的,应该得到国家的大力支持。

一、国家政策的支持

消费养老创新模式作为一种创新模式,在前期面向全社会推广的过程中,需要国家政策的支持,才能够使其得以顺利地推广和实施。

首先,对消费者而言,国家政策的支持可以增强消费者的信任度,有利于消费者积极参与消费养老金的积累。在前期市场的实践过程中,由于消费养老金是在多则几十年之后,少则也要几年之后才能够领取。对消费者而言周期太长,对资金的安全性考虑等诸多因素,不太能引起消费者的参与愿望,也不易取得消费者的信任。因此,如若能够取得国家政策的支持,则对于增强消费者的信任度有着重要的意义,再加以合理引导,对鼓励消费者参与这一模式作用巨大。

其次,对各级政府部门,消费养老创新模式是一新生事物。各级政府是否能够认可和支持这一模式,会影响到市场对这一模式实施可行性的信心。对参与的企业和商家,他们在参与这一模式的过程中,需要让出一部分的利益给消费者,因此,他们是否能够参与进来,也会受到国家政策的影响。如若得到国家有关政策的支持,企业和商家方才可以放心地参与进来。

二、税收优惠的支持

除了在政策上给予支持外,目前国家在大力发展第三支柱个人养老金并给

第十章
关于进一步加强管理的几项政策建议

予税收优惠。消费养老创新模式作为第三支柱的一个重要补充,也应该获得一定的税收优惠,这将能够极大地鼓励企业和消费者参与到这一模式中,能够多为自己积累消费养老金,大大减轻国家对养老金补贴方面的财政压力和负担。

消费养老创新模式在实施过程中,可能涉及的税收及可以给予到的优惠如下:

(1)在消费养老金的生成过程中,消费养老金从消费者的货款直接扣除,并被归集到专业的养老金机构。无论对于出售商品或服务的企业,还是消费养老创新模式的主体运营企业,这部分消费养老金都不是他们的收入。因此,在计算税收时,应将消费养老金进行扣除。同时,为了鼓励更多的企业参与进来,可以对缴纳消费养老金比较多的企业给予一定的税收优惠,以鼓励他们拿出更多的利润来为消费者产生消费养老金。

(2)在消费养老金的托管过程中,养老金会进行保值增值。消费者最终可领取的养老金包括两部分:一部分是消费者自己积累的养老金;另一部分是消费者积累养老金进行投资而产生的投资收益。消费者获得的养老金及其收益等相关方面应该能够获得税收优惠和支持。具体可根据实际情况来进行考虑和决策。

总之,消费养老创新模式的顺利实施离不开政府的监管、管理和支持,也离不开相关法律法规的保驾护航,以使这一模式在实施过程中,能够科学和规范,能够获得稳健的发展,从而为国家养老保险制度的改革与创新进行积极探索,为实现社会全体成员的幸福养老作出重要贡献。

附 录

关于消费养老的演讲和报告

附录一：陈瑜教授的文章演讲和报告

透过"消费"谈"养老"

(发表于《养老》杂志2011年第4期)

养老保险是全社会关注的重大民生问题，也是各级政府关注的焦点之一。从我国保险业的发展来分析，由于我国保险业存在起步较晚、基础差、总体规模小、在国民经济中比重较低等因素，不利于社会的和谐、稳定发展。在研究如何解决养老保险的根本矛盾时，很多专家习惯于就行业本身分析问题，从行业范围内谈解决问题的办法。此种思维导致人们局限在一些操作和技术层面上，难以触及根本性问题，养老保险业就难以实现总体突破。

一、"消费养老"的理论基础

养老保险作为一个关系社会稳定发展的行业，要充分调动市场和社会群体的积极性，使经济和养老事业快速发展。养老保险行业的发展战略应以此为着眼点，跳出传统模式的束缚，才能适应时代潮流，满足巨大的社会需求。养老保险制度是市场经济发展到一定阶段的产物，是市场经济的一个重要组成部分。我们必须将养老保险制度还原于整个市场经济，才能对养老保险制度的现状做出深刻的分析，找出今后发展的根本途径。因此，在研究如何解决社会养老问题时，应以市场经济作为研究的起点和策划的依据，将"消费资本论"应用到养老保障制度中，在充分研究当前市场经济发展的特征和规律的基础上，对养老保险制度进行大胆改革和创新。

"消费资本论"是指将消费向生产和经营领域里延伸，当消费者购买企业的产品时，生产厂家和商业企业应把消费者对企业产品的采购视同对本企业的

消费养老创新模式

>>>——一种新型全民养老保险模式

投资，并按一定的时间间隔，把企业利润的一定比例返还给消费者。此时，消费者的购买行为已不再是单纯的消费，他的消费行为同时变成了一种储蓄行为和参与企业运营的投资行为。实际上，是把消费者从产品链的末端以投资者的身份提升到前端，使消费者在购买产品时，既能分享企业成长的成果，同时也能为企业发展注入新的动力，使消费和投资有机结合。从而使买卖双方在这种条件下合二为一，成为一体，完成消费转化为资本的过程。

"消费养老"是将"消费资本论"的理念应用到社会养老保障中，从消费资本所产生的利润中，提取个人养老所需的资本金，将消费资本作为养老保障制度的重要的资金来源，从而打破了过去单纯依靠单一货币资本作为支撑的局面，扩宽了资金来源渠道，增强了养老保险资金的保障。

在"消费养老"模式下，消费者不仅可以获得产品，还能通过消费成为企业的投资人，企业会将一部分利润返还给消费者，并将其购买养老保险，让消费者在消费的过程中也能获得养老保障，同时也并不改变消费者原有的消费习惯，不限定在某一产品或者某一商家进行消费。消费者在日常的消费过程中，不断地为未来的自己积累资金，储备养老金。消费资本积极参与到养老保险制度的构建中，让消费者由过去的被动养老变为积极养老，不仅解决了社会养老保障的问题，也让市场经济更加平稳、健康地发展。作为处于当前市场经济时代的普通公民，我们每天都在进行大量的消费，如果将这些消费看作资本，并从中得到养老保障的资金来源，对养老保障金的来源、渠道，以及有效地解决养老保险模式存在的融资危机、资金短缺、给付困难等问题都有着重要意义。

二、"消费养老"的特征

"消费养老"具有以下特征：首先，具有广泛的覆盖性。无论所处何种行业，是否在职，只要通过日常的消费，就可以积攒养老金备用。其次，具有公平性。传统的养老保险制度，特别是在中国，可能由于所从事的职业不同，享受到的养老保障也存在一定的差异。"消费养老"模式彻底颠覆了传统的养老保险的资金来源方式，人们从过去强制性的被动缴费，转化为积极主动的消费和积攒养老金。这种由"被动"变"主动"的关系，使得人们有了更加主动的选择权利，对自己将来的规划，有着更大自由权。人们更加乐意通过这种方式进行资金存储，扩大了养老资金的来源。消费行为的发生，将产生新的养老资金，充足的养老资金将解决国家面临的养老基金不足的问题。同时"消费养老"化解了限时消费和未来消费之间的矛盾。人们将不再畏惧将来的养老问题，年轻时便可以自由轻松地消费，不用担心未来。在消费的同时，也为未来的消费做了一些储蓄，这对积极拉动内需，刺激消费，起到了一定的推动作用。

三、"消费养老"的实践应用

"消费养老"的核心是将商品利润的一部分返还给最终消费者，转化为消费者购买养老保险的费用。在实际操作中，要真正实行"消费养老"这种商业模式，真正将权益返还给消费者，必须对三种资本所有者所承担的角色、性质和收入来源做出三大区分：一是严格区分消费者与经销商的不同身份；二是严格鉴别二者收入的不同性质；三是严格鉴别二者不同的收入来源。因此，"消费养老"作为一种创新和改革，在实践应用中，要采取科学规范的制度，还需要设计一套科学的、规范的、具有可操作性的方案。在法律层面上，不仅需要现有法律的支撑，还需要进一步制定新的法律条款对其进行规范和约束。

同时，"消费养老"在实践应用时，不能拘泥于一种产品或者一家企业，而是将诸多企业联合起来，在不改变人们现有消费习惯的基础上，进行改革和创新，不能作为商家为追逐企业利润所采用的营销手段。"消费养老"也离不开政府的支持和监管。我们要在现有的法律法规框架内，在国家政策所倡导的创新范围内，进行改革，推动我国养老保险事业快速发展。

消费养老创新模式
>>>——一种新型全民养老保险模式

关于消费养老创新模式

(2011年6月在"消费养老创新模式座谈会"上的讲话)

提出消费养老构想,对落实国家"十二五"规划,特别是关于实现养老保障目标,具有十分重要的实际意义。消费养老的研究对延续100多年的养老保险制度进行了改革和创新,对于建立新时期的养老保险制度,使养老保险制度进入一个新的发展阶段,也具有重大的理论和实践意义。消费养老是在深入研究以往国内外养老保险制度的基础上,提出的一个适应新时期社会经济发展需要的消费养老创新模式。

当前,世界经济正处于一个大发展、大变革、大调整的新的历史发展时期。在全球金融危机影响的形势下,世界各个国家和地区、企业和行业面临一个共同的任务,就是寻找新的经济发展方式和新的经济增长极。养老保险行业也面临着同样的任务。

一个世纪以来,各国在养老保险制度的实践过程中,形成了一定的模式,其主要特征是以国家拨款、企业和个人强制缴款作为社会养老保障制度的资金来源,并形成了现收现付、完全积累和部分积累三种财务模式。这三种财务模式无一不是以单一货币资本作为支撑。

在这种财务模式下,养老保险制度存在的主要问题是融资困难、资金短缺,难以实现养老保障制度的预期目标,许多国家普遍存在覆盖率不高、养老保障水平偏低,甚至还经常发生给付困难的状况。尤其是近年来,在世界性金融危机的影响下各国经济不景气,加之不断降低的人口出生率、不断提高的预期寿命以及不断提前的退休年龄,老龄社会正在以不可阻挡之势加速到来,使许多实行现收现付保险制度的国家面临严峻的融资危机,甚至难以为继,这是一个多世纪以来许多国家养老保险制度难以解决和未能解决的一个痼疾。

从我国保险业的发展来看，由于我国的保险业起步晚、基础较差，总体规模还很小，在国民经济中比重很低。截止到2010年年底，保险深度（保费收入占GDP的比重）仅为4%，保险密度（人均保费收入）仅为1088.38元。而农民的月均养老保险收入仅为55元，养老保障处于很低的水平。

可以看到，目前我国保险业（包括养老保险）还存在诸多亟待解决的问题，保险业发展水平与国民经济、社会发展和人民生活需求仍不相适应。保险业的作用发挥得还很不够，消费者的巨大需求远未得到满足。

以往，一些保险专家在研究如何解决养老保险的根本矛盾和问题时，习惯于就行业本身分析问题，习惯于从行业范围内谈解决问题的办法。这种思维导致人们长期局限在一些操作和技术层面上，难以触及根本性的问题，养老保险也就难以实现总体的突破。

养老保险制度是市场经济发展到一定阶段的产物，是市场经济的一个重要组成部分。市场经济已经完成了由卖方市场向买方市场的过渡，我们现在已经进入以买方为主的市场经济发展阶段。在这一阶段，消费和消费资本成为推动国家、地区、企业和行业发展的关键性资源和主导力量。

我们必须把保险业的发展置身于市场经济大背景下，将保险业还原于整个市场经济，才能对保险业的现状做出深刻的分析，才能找出今后发展的根本途径。因此，我们的研究将以市场经济作为研究的起点和策划的依据，把养老保险制度置于市场经济发展的新阶段，即以买方为主的市场经济发展阶段进行考察。

为此，我们引入"消费资本论"来探索新时期养老保障制度的改革和创新。"消费资本论"将用货币资本、知识资本和消费资本三种资本来推动养老保险制度的发展，可以解决以往在单一货币资本支持下的养老保险模式存在的融资危机、资金短缺、给付困难等诸多问题，可给养老保险模式注入了可持续发展的内生动力，从而使养老保险制度发展出现转机，并走出困境。

目前世界主要国家所采用的养老保险制度都是采用单一货币资本支撑的模式，而我国的养老保险制度也是沿用了该模式。因此，在我国养老保险事业发展过程中不可避免地出现了融资困难、资金短缺等问题，而建立在"消费资本论"基础上的消费养老创新模式可以有效地解决这些问题。

消费养老创新模式
>>>——一种新型全民养老保险模式

消费养老创新模式使消费者由消极被动的被保险人、被执行者、被参与的因素转变为主动参与的、积极的、执行者的因素。消费者在消费的过程中不仅可以获得产品，还能够获得企业、超市、商家按期返还的一定比例的利润，消费转化为投资和收益，消费的同时也增加了收入，并转化为养老保险费用。这将大大提高消费者参与消费养老保险的积极性，能够更加充分地发挥消费者的主动性。

不仅如此，消费养老创新模式还突破了单一养老保险目标，因为消费拉动了生产，使生产和消费良性互动，同时又推动了企业和地方经济的平稳发展。这种创新的养老保险模式为国家、地区、企业和行业发展，特别是为养老保险事业的发展找到了一条源源不断、永续不竭的资金源泉。

消费养老创新模式是对传统养老保险制度的重大创新，打破了过去单纯依靠单一货币资本作为支撑的局面，可拓宽资金来源渠道，提高养老保障水平。

可以说，"消费资本论"指导下的消费养老创新模式，可化解传统养老保险模式的融资"瓶颈"，是原有养老模式走向创新的突破口。为了解决现有的养老保险制度中的各种问题，还需要设计一套科学的、规范的、具有可操作性的方案，在消费养老资金的筹集、运作、给付及监管问题上都进行全面创新。

新商业模式是企业新经济发展方式、新企业制度和新分配制度得以实现的重要载体。新商业运作模式具有以下几个方面的特征：

第一，新商业运作模式的核心特征是消费者和企业共同分享利润。以"消费资本论"为基础的新商业运作模式包含两个内容、两个过程：一是商品的交易内容和与之相应的商品的销售过程；二是企业与消费者共同分享利润的内容和与之相对应的利润分配过程。在新商业运作模式下，应当把消费者对企业的产品和服务的采购过程视同对自己的投资，因为消费者所付货款的大部分进入企业的下一个经营过程，并转化为资本，进而产生利润。企业家应把由消费者货款转成资本所产生利润的一部分返给消费者，从而使消费者通过消费获得可观的收入，成为消费养老费用的重要组成部分。

第二，新商业运作模式具有崭新的组织形式。这种崭新的组织形式是一个以生产企业、供应商、物流企业、商业企业、消费者、银行及保险公司等相互合作为基础，以产品和服务为纽带，以利润共享为特征，以合作共赢为目标的行业产业链的有机综合体。

第三，新商业运作模式在其实际运作过程中，将形成一个长期的、深层次合作的，甚至是互为股东、利润共享的、紧密联系的利益共同体。企业在这一利益共同体中发挥核心作用，为各合作单位提供卓有成效的服务，给合作者带来显著的经济效益，同时也给本企业带来巨大的利润。这种合作关系更为持久，它能够极大地调动消费者的积极性，迅速扩大市场份额，从而使各参与主体的效益大幅增加，也使消费者收益迅速增长。

消费养老创新模式资金管理和给付方案设计，论述了消费养老创新模式中资金管理与分配、保值与增值管理和给付方案的具体规定和措施。包括建立消费养老创新模式资金管理机构、资金分配方案中各利益主体责权利关系、成立消费养老事业发展公司、资金分配模式以及养老金的领取和具体发放办法，从而使消费养老的参与者的权益得到切实的保障。

消费养老新商业模式的实施，以全新的电子商务平台为运作载体，应用崭新的地面商铺经营理念，使地网（地面商铺）和天网（电子商务平台）有机结合。联合生产厂家、供应商和物流企业，并引入虚拟经济（订单经济）和增值服务理念，同银行和保险公司密切合作，使各经济主体间的信息流、价值流和物流，三流合一；使所有的消费者能够在消费的同时可以获得养老保障，而且平台上其他的经济主体也能获得显著的经济效益。

在实行新商业模式的过程中，消费养老保障卡是最主要的工具。它从设计、应用到管理都将体现了新商业模式所特有的特征。消费养老保障卡是对消费者进行消费结算、信息记录、利润返还和购买保险的有效凭证；也是商户、生产企业、供应商、经销商查询企业销售额、利润率和分析经营数据的重要工具。消费养老保障卡管理系统的建立能够减少消费者购买环节的费用，降低运营成本；它还能使数量众多的商户和企业对广大消费者的消费情况有一个系统的了解，便于对客户关系跟踪管理。

消费养老是在全面深入研究世界主要国家以及我国养老保险制度的基础上，提出的一种养老保险创新模式。我们对消费养老创新模式的理论基础、制度设计以至方案的具体运作等方面都进行了深入细致的研究并做了全面的论述，使得养老模式不仅是养老保险理论上的创新，更具有实际的可操作性。理论和实际相结合,是本方案最重要的特色。

建立在"消费资本论"基础之上的消费养老创新模式,对解决我国养老问题有着重要的探索意义。消费养老创新模式一定会取得圆满成功,为国家和世界经济发展作出贡献。

消费养老作为我国养老保险第三支柱补充举措的建议

(在"建立中国特色第三支柱个人养老金制度研究"课题研讨会上的讲话 2018年6月8日)

人口老龄化是全球人口结构发展变化的共同趋势。我国已经开始步入人口老龄化社会,党和国家对我国养老保险事业改革与创新发展高度重视。

我们必须进行深入的研究,提出解决我国人口老龄化问题的办法。我认为,消费养老创新模式是应对我国人口老龄化的一项切实有效的举措。

进入21世纪,世界经济形势发生了深刻变化。国家、地区和行业发展的经济背景同20世纪相比有了明显的不同。最重要的不同是,市场经济已经完成了由卖方市场向买方市场的过渡。市场经济已经进入以买方为主的经济发展阶段,这标志着卖方占主导地位的时代已经结束,买方占主导地位的时代已经到来。在这一发展阶段里,作为买方的消费者,成为市场竞争的最终决定性力量。因为消费者既是市场经济的主人,又是给国民经济和各行各业的发展注入新的资本动力的源泉。谁能够赢得最多的消费者,谁就拥有最大的市场和巨额资金的注入。因此,在以买方为主的发展阶段,消费和消费资本成为21世纪经济发展的关键资源和主导力量。换言之,在买方市场条件下,消费者和消费资本既为行业的发展提供了广阔的发展空间,又为行业发展提供了所需要的雄厚的资金,因此,国家、地区和行业在今后的发展过程中,必须高度重视消费和消费资本的重大作用。

在以买方为主的市场经济发展阶段,"消费资本论"应运而生。

为此,我们引入"消费资本论"来探索新时期养老保障制度的改革和创新。"消费资本论"将用货币资本、知识资本和消费资本三种资本来推动我国保险业和养老保障制度的发展,可以化解以往在单一货币资本支持下的养老保险模式存

消费养老创新模式

>>>——一种新型全民养老保险模式

在的融资危机、资金短缺、给付困难等诸多问题。它将给养老保险模式注入可持续发展的内生动力,从而使养老保险制度发展出现转机,并走出困境。

我们提出建立在"消费资本论"基础上的消费养老创新模式,其最重要的意义在于,它开辟了养老金来源的新渠道,或者说从市场中找到养老金的源头。

这是因为,消费养老模式,引入了建立在"消费资本论"基础上的创新商业模式。传统的商业模式的基本特征是买卖双方货款两清,认为这一经济过程即已结束。但"消费资本论"认为,这一过程虽已结束,但一个新的经济过程开始了,即消费者购买厂家和商家的产品和服务后,货款转到了厂家和商家的手中,进入了企业的再生产和经营过程,此货款即转化为资本,由消费者货款转化的资本也产生利润。从这个意义上说,消费者既是买家又是投资者。因此,消费者理应参与企业利润分配,得到企业返还一定比例的利润作为收益,消费者即可将这部分收益转化为自己积攒的养老金。这是为养老保险金开辟的新渠道,在今后甚至可以发展成为老年人个人养老金的最主要的渠道和养老金最重要的来源。

一、关于消费养老创新模式基本内容和运作模式的设计概述

1. 消费养老创新模式的内容

消费养老创新模式,是由政府主导的、专家指导的、企业市场化运作的,根据"消费资本论"原理,消费者通过日常消费可获得消费资本利润,转化为养老金的新型养老保险机制,是全国城乡居民都可以参与的全民养老、终生养老的保险体制和机制,是一种与市场对接的、充满内生活力的养老保险模式。

2. 消费养老创新模式的运作系统

(1) 组建消费养老创新模式的运营主体机构

消费养老创新模式离不开政府的支持和监管。我们要在现有的法律、法规框架内,在国家政策所倡导的创新范围内,进行改革和创新,推动我国养老保险事业的发展。

消费养老创新模式的运营主体是在政府主管机构支持和监督下,由参与消费养老保险的各单位组成的紧密型的联合体,作为消费养老创新模式的管理

者,存在于消费养老创新模式的运作系统中。

(2) 建设消费养老创新模式的运营平台

消费养老创新模式需要具体组建商家联盟和线上购物商城,作为消费养老创新模式的运营实施平台。

消费养老创新模式运营平台担负着两项任务。一是运营平台以新的商业模式作为载体,根据消费资本论创新将消费者的消费行为视同对企业的投资,使消费者能够以消费资本股东的身份参与企业利润的分配,获得一定比例的利润作为收益积攒养老金;二是通过与政府主管部门和保险公司合作,将消费者获得的消费资本利润生成保单转化为个人养老金,储存在社保机构或保险公司的个人养老账户下,以备消费者领取。

运营平台根据消费养老创新模式的内容,需要建立各项业务的细分运作系统。

消费养老创新模式的顺利实施得益于先进的互联网技术,通过搭建功能齐备、操作简便的互联网平台,对消费者线上线下原本分散的、无序的消费行为,进行跟踪、记录和统计,使消费者在各个购物平台和消费场所之间的零星消费被集中和统一管理,这使得消费者参与各商家利润分配成为可能,并将其消费资本利润分期分批储存到社保机构或保险公司,作为养老金累计在社保机构或保险公司的个人账户下。

运营平台开通微信渠道,使消费者只需要扫描二维码便可成为消费会员,手续十分简便,易于被广大消费者接受和深受人民大众的喜爱。

消费养老平台还将建立平台的盈利模型,包括同商家的商品结算模型,估算出每种商品的盈利水平,进而计算出整个平台的整体盈利水平。同时,还要计算出平台的运营成本,据此估算出可以返给消费者的利润分红。消费养老平台给消费者的利润分红是建立在科学计算的模型基础之上的,既保证了平台本身的盈利,也为消费者提供了一笔可观的、合理的养老金。

(3) 消费养老创新模式的运营管理

组建由政府主导的,由政府主管机构、消费者、商家、厂家、银行、保险公司等各参与单位的代表组成消费养老创新模式的运营管理和监督委员会,对涉有关法律、法规政策以及资金来源和流向等环节进行严格的检查和监督,

消费养老创新模式
>>>——一种新型全民养老保险模式

确保消费养老创新模式的运营是合法、合规的，是科学安全和可持续的，以保证实现消费养老创新模式的预期目标。

具体可采取政府主管部门垂直领导和各部门分工负责的管理体制，以确保消费养老创新模式顺利和健康的运营。

(4) 消费养老金的管理与给付实施办法

消费养老创新模式中消费养老金的管理与给付将由民政机构或商业保险公司来完成，商业保险公司将在中国保监会的严格监管下，履行其对消费养老金的保值、增值和给付管理等责任与义务。

消费养老平台可以同保险公司进行合作。消费养老平台是作为团体险，统一为每一位消费会员缴纳养老保险金，消费者自己无须缴纳任何费用，也无须亲自办理手续，而是由消费养老平台统一为消费者办理养老保险投保手续，并缴纳养老保险金。消费者接到通知后便可到运营主体平台或保险公司网站上查询自己养老保险金积累情况。

消费养老平台为消费会员建立消费养老账户，平台分配给消费者个人的消费养老金收益将累计在消费者个人的消费养老账户。当消费者个人养老金账户中的养老保险金满足投保标准时，消费养老平台按照保险金的倍数向保险公司为消费者投保。保险公司则按照约定为消费者承保，并生成有效保单。

保险公司按照产品说明，为消费者的养老金提供保值和增值服务，并按照复利进行计算，其团体年金将实现对被保险人的年度分红。当消费者到了法定年龄，可持身份证明到保险公司的代理点办理养老金领取手续，并可一次性或者按年（或月）分期领取养老金。被保险人若发生意外险所承保的事项，可持身份证和有关证明到保险公司的代理点办理相关理赔事宜。保险公司要根据保险合同约定的内容，兑现对被保险人的理赔承诺和养老金领取事宜。

二、消费养老创新模式的意义与作用

消费养老创新模式发动全社会积极参与养老保险，在不增加财政负担和消费者支出的前提下，从市场经济的良性循环中提取养老金，从而有效化解老龄化社会面临的巨大压力。

1. 减轻政府财政负担和养老资金压力

消费养老创新模式中养老金的来源，是从市场经济的角度出发，是企业和消费者之间利益共享的结果。一方面，由于居民的消费行为是源源不断的，因此，消费养老所需的养老金也可以源源不断地产生，凡有消费和消费者的地方，就有消费资本利润的产生，影响范围极其广大；另一方面，消费者本身就是一个庞大的群体，消费又是一个可以计算或涵盖生产总量的经济概念。因此，消费养老作为一个调度社会总资本的武器，它所产生的作用是不可估量的。消费养老创新模式大大拓宽了养老资金来源渠道，有望解决养老保险制度中融资难、有效给付不足的问题，将大大减轻政府在养老方面的财政负担和压力。

2. 形式自主灵活

消费养老创新模式是一种居民自愿积累养老金的方式。消费养老创新模式不需要居民额外缴纳费用，因而也不会增加居民的负担，尤其是对于中低收入群体，养老保险往往成为他们不愿缴纳又不得不缴纳的费用。消费养老只需按照消费者的意愿，进行自主消费，没有时间和费用的限制，通过日常消费轻松的积攒一定额度的养老金。消费养老创新模式覆盖范围也非常广泛，不受居民身份、职业和地域的限制，任何人只要通过消费都可以获得相应的养老保障。因此，消费养老创新模式由于自主灵活、操作便捷，会深得消费者的欢迎。

3. 补充和完善了我国养老保障体系

消费养老创新模式能够补充和完善我国养老保障体系，构建多元化、多层次的养老保障体系。我国"三支柱"的养老保障体系中，第一支柱是统账结合的基本养老保险，即由政府主导并强制执行，采用现收现付的筹资模式；第二支柱是企业年金，是一种以企业为责任主体的市场化管理的养老金计划，由企业缴费或者员工缴费；第三支柱是个人储蓄性养老计划，个人为责任主体参与缴费，一般由商业保险公司办理，个人自愿投保。人口老龄化加速发展给养老保障带来巨大挑战，为积极应对日益严峻的人口老龄化形势，建立多元化、多层次的养老保险体系是必然之路。

消费养老创新模式充分利用市场的力量，消费者从市场经济正常运行中、市场经济良性循环中、日常消费中积攒养老金，可以作为我国养老保险第三支柱的补充举措。

消费养老创新模式
>>>——一种新型全民养老保险模式

在"第三支柱个人消费养老金规范管理计划发布会暨研讨会"上的致辞

(2019年11月10日)

消费养老创新模式,是由政府主导和监管的、专家指导的、企业市场化运作的,根据消费资本论原理,消费者通过日常消费可获得消费资本利润作为收入,转化为养老金的新型养老保险机制。这是全国城乡居民都可以参与的全民养老、终生养老的保险体制和机制,是一种与市场对接的、充满内生活力的养老保险模式。

消费养老创新模式具有以下三个基本特征:

第一,这一模式是源于市场经济运行的养老保险模式,给养老保险模式注入可持续发展的内生动力,可以使养老保险制度发展出现转机,是原有养老模式走向创新的突破口。

其重要意义在于,它开辟了养老金的新渠道,找到了养老金资金的源头。

消费是人类永恒的主题,消费即是资本,消费即是投资,消费是经济发展的原动力,是人类生存最基本的经济行为,它伴随着人的一生、人类生存的始终。因此,它为养老保险事业的发展找到了一条源源不断、永续不竭的资金源泉。这将打破过去单纯依靠单一货币资本作为支撑的局面,拓宽资金来源渠道,提高养老保障水平。

第二,这一模式有利于构建全民养老的保障体系的架构,是社会全体成员,没有地域、年龄、职业限制,并且无论在岗与否,都可以参与的是一种全民养老、终生养老的模式。它覆盖范围非常广泛,任何人只要通过消费都可以获得相应的养老保障。

养老金和养老保险是为社会全体成员,无论就业与否,从摇篮到坟墓整个生命周期内所积累的、为进入老年尤其是在丧失劳动能力之后,其生存和健康所需要的经济保障，而建立的社会保障制度。在消费养老创新模式下，只要是消费者就可以享有养老金，这非常符合国际社会提出的养老金和养老保障制度普遍化、平等性和公平性原则。

第三，这一模式是由政府主导和监管的。这是因为，养老保障制度属于社会保障的范畴，它是由国家统一进行统筹、规划和实施的。消费养老创新模式作为一种新型养老保险机制，它是国家养老保障制度的一个组成部分，是对国家已经实施的养老保障模式的一种补充，是多层次养老保险体系的组成部分。因此，消费养老创新模式的实施，需要纳入国家养老保险的管理体系，由国家出台相关法律或政策进行指导和管理。无论是从市场化运营中产生养老金，还是养老金的管理和给付，都需要国家相关部门监管，从而使消费养老创新模式的实施能够规范化运作，真正保障消费者的利益和消费养老金的安全性。同时，增强消费养老创新模式的公信力和广大消费者的信任度。

消费养老创新模式包括两项重要的内容。一是养老金的生成过程，二是养老金纳入政府的托管和监管过程。

首先，我们必须合法合规地完成养老金的生成过程，以确保养老金的安全性和稳定性。同时，我们要把生成的养老金及时纳入政府的托管和监管渠道。

在养老金的生成过程中，必须具有鲜明的科学特征，在消费养老创新模式的应用中，必须避免随意性、投机性和非理性的主观意识。尤其是在消费资本利润返还比例上，必须通过科学的计算而不能主观随意确定。

那种随意确定大比例返还率甚至全返和超返是违反科学、违反经济规律的，而且是违法违规的行为，是必须从根本上予以杜绝的。

这里还要着重强调的是，消费养老创新模式是在法制市场条件下，经过一系列的市场规则和运作规则得以实现。企业作为消费养老创新模式的运营主体，吸收和组织消费者参与消费养老创新模式的诸种经济行为都是在市场条件下的法律行为。消费养老创新模式的实施过程，都是通过一系列的法律法规指导，加以维持而实现的，是一个有序化、制度化和法治化的过程。

确保消费养老创新模式稳步推进和持续发展，坚守国家法律和政策的红线与底线，确保在合法合规的渠道上健康运行。

本次会议推出了"个人消费养老金规范管理计划"的实施办法，从而为

消费养老创新模式
>>>——一种新型全民养老保险模式

个人养老金账户的建立、资金托管和养老金保值增值提供了合法合规的操作办法。这一计划的推出，解决了企业实施消费养老创新模式中养老金托管和监管的难题，将有利于推动消费养老创新模式在全国的推广和实施。

一年来，中国社会保险学会吕建设副会长、戴广义主任和周红主任积极同各界各方面专业人士商量、研究、协调有资质的金融机构、有法律资质的公证机构和科研机构，终于提出了第三支柱个人消费养老规范管理计划模式，这对消费养老创新模式的创新发展，对中国养老事业的发展，都具有十分重要的意义。

参与第三支柱个人消费养老规范管理计划的，还有中信银行、中信公证处、中信云网等单位，他们对这一规范管理计划的形成，付出了很大的努力，做出了很大贡献以及其他参与第三支柱个人消费养老金规范管理计划研究工作的同志，也作出了贡献。

我作为消费养老创新模式的提出者，代表所有进行消费养老服务的公司，也代表消费者，对他们付出的辛勤劳动表示衷心感谢，对他们所取得的成果表示热烈祝贺，并向他们致以诚挚的敬意。

我相信，在党中央深化改革方针的指引下，在各级政府和各界人士的关心与大力支持下以及在座各位的共同努力下，我们一定会为我国养老事业的发展探索出一条科学的、迅速发展的新路。

在"2019第二届消费养老创新模式高峰论坛"上的讲话

（2019年1月13日）

人口老龄化是全球人口结构发展变化的共同趋势。我国已经开始步入人口老龄化社会，党和国家对我国养老保险事业改革与创新发展高度重视。

我们必须进行深入的研究，提出应对我国人口老龄化的切实有效的举措。为此，我们应对多年来施行的传统的养老保障制度的经验、存在的问题和诸多弊端进行总结和深入的分析，并进行重大的改革与创新。正是在这种形势下，消费养老创新模式应运而生。

消费养老创新模式，是政府主导的、专家指导的、企业市场化运作的，根据消费资本论理论，消费者通过日常消费可获得消费资本利润作为收入，转化为养老金的新型养老保险机制。这是全国城乡居民都可以参与的"全民养老、终生养老"的保险体制和机制，是一种与市场对接的、充满内生活力的养老保险模式，构建了"全民养老、终生养老"的新型养老模式，为解决全社会养老难题带来新的思路。

消费养老创新模式是新时期对传统养老保险制度的重大改革。

建立在消费资本论基础上的消费养老保险模式，可给养老保险模式注入可持续发展的内生动力，从而使养老保险制度发展出现了转机，可化解传统养老保险模式的融资"瓶颈"、是原有养老模式走向创新的突破口。

消费养老创新模式，其最重要的意义在于，它开辟了养老金来源的新渠道，找到了养老金资金的源头。

消费是人类永恒的主题，是人类生存最基本的经济行为，它伴随着人的一生、人类生存的始终。因此，建立在消费资本论基础上的消费养老创新模式，

消费养老创新模式

>>> ——一种新型全民养老保险模式

为国家、地区、企业和行业发展,特别是为养老保险事业的发展找到了一条源源不断、永续不竭的资金源泉。

消费养老创新模式包括两项重要的内容:一是养老金的生成过程,二是养老金纳入政府的托管和监管过程。

首先,我们必须合法合规地完成养老金的生成过程,以确保养老金的安全性和稳定性。同时,我们要把生成的养老金及时纳入政府的托管和监管渠道。

在养老金的生成过程中,必须具有鲜明的科学特征,在消费养老创新模式的应用中,必须避免随意性、投机性和非理性的主观意识。尤其是在消费资本利润返还比例上,必须通过科学的计算而不能主观随意确定。

消费资本利润的返还必须是科学的,要通过科学的计算来核定,必须参照国家统计局每年公布的第一产业、第二产业、第三产业的平均利润率;必须参照是中国人民银行的活期存款利息,必须参照最高人民法院、最高人民检察院相关司法解释;必须根据企业实际运行情况予以确定。数以万计、几十万的消费者的采购所涉及的商品是几百种甚至上千种,如果一种产品一种产品地计算,那不仅烦琐,而且是取消归纳、取消科学的办法。我们必须经通过数学、统计学、经济计量学等诸学科计算出每一百元的货款当中,柴米油盐占多大比例,日用品占多大比例,服装鞋帽占的比例,家用电器占的比例,依此类推。根据这些数据来计算出综合返还率,不仅如此,企业的利润不是直线上升的也不是直线下降的,它是围绕着平均利润率上下浮动的函数,必须计算出调整系数,这样计算出的消费资本利润返还才是科学的,才是符合实际的。

那种随意确定大比例返还率甚至全返和超返是违反科学、违反经济规律的,而且是违法违规的行为,是必须从根本上予以杜绝的。

这里还要着重强调的是,消费养老创新模式是在法制市场条件下,经过一系列的市场规则和运作规则得以实现。企业作为消费养老创新模式的运营主体,吸收和组织消费者参与消费养老创新模式的诸种经济行为都是在市场条件下的法律行为。消费养老创新模式的实施过程,是通过一系列的法律法规指导,加以维持而实现的,是一个有序化、制度化和法治化的过程。

在实施消费养老创新商业模式的过程中,我们还必须认识到,我们是处于互联网经济时代,是互联网技术全面影响经济发展的时期。同传统的经济形态相比，它具有鲜明的特征。其中，一个最重要的特征它是可以减少，甚至可以取消中间环节的直接经济。由于它是取消中间环节、同消费者直接实现合作的直接经济，因此，可以从根本上消除传统营销手段的土壤，隔断消费养老创新模式同传统营销模式的联系。

综上所述，在这里，我作为消费资本论的创立人和消费养老创新模式的提出者，郑重向全社会所有实施建立在消费资本论基础上的消费养老创新模式的企业呼吁并要求，在实施消费养老创新模式的过程中，必须建立科学的支撑系统、政策法律支撑系统和互联网技术支撑系统，以确保消费养老创新模式稳步推进和持续发展，坚守国家法律和政策的红线与底线，确保在合法合规的渠道上健康运行。

内蒙古自治区在自治区社会保险事业管理局的大力支持下，对消费养老模式的创新进行了认真的研究和探索，进行了全面的规划并付出实际行动，正在迅速有效地推进。最近，又召开了"内蒙古自治区实施消费养老合法合规研讨会"，认真研讨，对消费养老的发展目标、主要任务、政策体系、组织领导、法律规范等方面进行系统性顶层设计，为消费养老创新模式的地方立法做充分的准备。这对消费养老创新模式的实施是一个重大的举措和实质性进展。

消费养老创新模式的提出具有重大的现实意义和作用。消费养老创新模式通过创新的发展思路和发展理念，在不增加国家财政负担、企业负担和消费者支出的前提下，从市场经济的良性循环中提取养老金，从而有效化解老龄化社会面临的巨大压力。

同时，消费养老创新模式是一种居民自愿积累养老金的方式。消费养老只需按照消费者的意愿，进行自由消费，没有时间和费用的限制，通过日常消费轻松的积攒一定额度的养老金。消费养老创新模式覆盖范围也非常广泛，不受居民身份、职业和地域的限制，任何人只要通过消费都可以获得相应的养老保障。因此，消费养老创新模式由于自主灵活、操作便捷，会深得消费者的欢迎。

消费养老创新模式能够补充和完善我国养老保障体系，构建多元化、多层次的养老保障体系。人口老龄化加速发展为养老保障带来巨大挑战，为积极应对日益严峻的人口老龄化形势，建立多元化、多层次的养老保险体系是必由

消费养老创新模式
>>>——一种新型全民养老保险模式

之路。

消费养老创新模式充分利用市场的力量,消费者从市场经济正常运行中、从市场经济良性循环中、日常消费中积攒养老金,可以作为我国养老保险第三支柱的补充举措。

消费养老创新模式是对传统养老模式改革与创新的大胆探索,补充和完善了我国养老保险体系,有助于推动我国养老保险制度的改革和创新发展。

> 附录一
> 陈瑜教授的部分演讲和报告

在"2020第三届消费养老创新模式高峰论坛"上的讲话

（2020年1月5日）

每届消费养老创新模式高峰论坛的召开，都蕴含着消费养老创新模式在实践中不断的进展。第三届消费养老创新模式高峰论坛的召开，是继第一届、第二届之后，对消费养老创新模式及实践进行更加深入和具体的研究，尤其是对实际运用进行具有突破性的研究。由中国社会保险学会、中信公证处和中信银行联合制定的"第三支柱个人消费养老金规范管理计划"，为个人养老金账户的建立、资金托管和养老金保值增值提供了合法合规的操作办法。这一计划的推出，解决了企业实施消费养老创新模式中养老金托管和监管的难题。这对推动消费养老创新模式的落地和推广、对促进我国养老保险事业的发展具有非常重要的意义。我作为消费养老创新模式的提出者，对此感到特别高兴，特别欣慰。

消费养老创新模式，是由政府主导和监管的、专家指导的、企业市场化运作的，根据消费资本论原理，消费者通过日常消费可获得消费资本利润作为收入，转化为养老金的新型养老保险机制。这是全国城乡居民都可以参与的全民养老、终生养老的保险体制和机制，是一种与市场对接的、充满内生活力的养老保险模式。

消费养老创新模式具有三个基本特征。

第一，这一模式是源于市场经济运行的养老保险模式，可给养老保险模式注入可持续发展的内生动力，是原有养老模式走向创新的突破口。

第二，消费养老创新模式有助于构建"全民养老"的保障体系的架构，是社会全体成员，没有地域、年龄、职业限制，并且无论在岗与否，都可以参与的一种全民养老、终生养老的模式。因此，它覆盖范围非常广泛，任何人只

消费养老创新模式

>>>——一种新型全民养老保险模式

要通过消费都可以获得相应的养老保障。

第三，消费养老创新模式是由政府主导和监管的。这是因为，养老保障制度属于社会保障的范畴，它是由国家统一进行统筹、规划和实施的。消费养老创新模式作为一种新型养老保险机制，是对国家已经实施的养老保障模式的一种补充，是多层次养老保险体系的组成部分。因此，消费养老创新模式的实施，需要纳入国家养老保险的管理体系，由国家出台相关法律或政策进行指导和管理，从而使消费养老创新模式的实施能够规范化运作，真正保障消费者的利益和消费养老金的安全性。

这里还要着重强调的是，建立在消费资本论基础上的消费养老创新模式，必须经过一系列的市场规则和运作规则得以实现。企业作为消费养老创新模式的运营主体，吸收和组织消费者参与消费养老创新模式的诸种经济行为都是在市场条件下的法律行为。消费养老创新模式的实施过程，都是通过一系列的法律法规指导，加以维持而实现的，是一个有序化、制度化和法治化的过程。

确保消费养老创新模式稳步推进和持续发展，坚守国家法律和政策的红线与底线，确保在合法合规的渠道上健康运行。

一年来，中国社会保险学会吕建设副会长、戴广义主任和周红主任积极同各界各方面专业人士磋商、研究、协调有资质的金融机构、有法律资质的公证机构和科研机构，终于提出了第三支柱个人消费养老规范管理计划模式。

参与第三支柱个人消费养老规范管理计划的，还有中信银行、中信公证处、中信云网等单位，他们对这一规范管理计划的形成，都付出了很大的努力，做出了很大贡献。

我作为消费养老创新模式的提出者，代表所有进行消费养老服务的公司，也代表消费者，对他们付出的辛勤劳动表示衷心感谢，对他们所取得的重大成果表示热烈祝贺，并向他们致以诚挚的敬意。

我相信，在党中央深化改革方针的指引下，在各级政府和各界人士的关心与大力支持下以及在座各位的共同努力下，我们一定会为我国养老事业的发展探索出一条科学的、健康的、迅速发展的新路。

附录二：部分专家学者关于消费养老的演讲和报告

分享经济、消费资本论与消费养老、消费者权益保护

（中国法学会消费者权益保护法学研究会会长 河 山）

一、"大众创业、万众创新""互联网+"的分享经济

时代是理论的母亲。我们这个时代是个什么时代？是一个信息时代，是一个互联网的时代。这个时代呈现出互联网经济，它是 21 世纪的新兴经济。互联网经济的模式很多，包括分享经济、平台经济、免费消费经济、粉丝经济，等等。这些方式，往往相互结合利用。平台经济，是搭建一个大的平台，把经营者和消费者联系起来，二者通过这个平台进行交易。平台经济的构建，要有三个阶段。第一阶段是搭建，第二阶段是调整，第三阶段是发展。

《分享经济、消费资本论与消费养老、消费者权益保护研究》若作为法律课题研究，首先要研究分享经济的概念、内涵、外延，在全球新一轮科技革命、产业变革下涌现的各类新业态、新模式，以论文形式分析分享经济中的生产者、电商平台、消费者，消费返利与消费不返利两种模式，进而探讨消费养老、消费者权益保护。

2017 年 7 月，国家发改委、网信办、工信部等八部门印发了《关于促进分享经济发展的指导性意见》。分享经济作为全球新一轮科技革命和产业变革下涌现的新业态新模式，正在加快驱动资产权属、组织形态、就业模式和消费方式的革新。分享经济在现阶段主要表现为利用网络信息技术，通过互联网平台将分散资源进行优化配置，提高利用效率的新型经济形态。分享经济强调所

消费养老创新模式
>>>——一种新型全民养老保险模式

有权与使用权的相对分离,倡导共享利用、集约发展、灵活创新的先进理念;强调供给侧与需求侧的弹性匹配,实现动态及时、精准高效的供需对接;强调消费使用与生产服务的深度融合,形成人人参与、人人享有的发展模式。

分享经济是指将社会海量、分散、闲置资源,平台化、协同化地集聚、复用与供需匹配,从而实现经济与社会价值创新的新形态。分享经济强调的两个核心理念是"使用而不占有"和"不使用即浪费"。分享经济包括不同人或组织之间对生产资料、产品、分销渠道、处于交易或消费过程中的商品和服务的分享。这个系统有多种形态,一般需要使用信息技术赋予个人、法人、非营利性组织以冗余物品或服务分享、分配和再使用的信息。一个通常的前提是,当物品的信息被分享了,这个物品对个人或组织的商业价值将会提升。

分享经济是一个新时代的开始,随着分享经济的深入发展,未来会有越来越多的行业以分享经济为契机在市场当中掀起众享潮流,分享经济时代对行业的变革已经来临。推动分享经济发展,将有效提高社会资源利用效率,便利人民群众生活,对推进供给侧结构性改革,落实创新驱动发展战略,进一步促进"大众创业、万众创新",培育经济发展新动能,具有重要意义。

分享经济是消费使用与生产服务相融合的模式,必然带来诸多保护消费者权益问题,这是消费者权益保护法实施中的新课题,对此应当加紧分享经济、消费资本论与消费养老、消费者权益保护的法律研究。

二、分享经济与消费资本论

在分享经济原则之际,著名经济学家陈瑜教授创立了消费资本化理论。他的代表作《消费资本论》于2006年出版,至今已出第三版,计18次印刷之多。

陈瑜教授的消费资本论认为:消费者才是市场经济的最终决定性力量。因为消费者既是市场的主人,又是给经济发展注入新的资本动力的源泉,谁能够赢得最多的消费者,谁就能够拥有最大的市场和巨额的资本的注入,消费资本由此而生,消费资本理论的构建也以此为基础。

消费资本论的核心内容,是将消费向生产领域和经营领域里延伸,当消费者购买企业和商家的产品和服务时,生产厂家和商业企业应把消费者对本企业产品和服务的采购视同对本企业的投资,以合同的形式记录在案,一年下来,参照央行活期存款的利率,并按照一定的时间间隔,把企业利润的一定比例返给消费者。此时,消费者的购买行为,已不再是单纯的消费,它的消费行为同时变成了一种储蓄行为和参与企业生产与经营的投资行为。于是,消费者同时又是投资者,其消费转化为资本。

其具体操作程序为:首先,商家和厂家通过地网(门店连锁)和天网(电子商务)把消费者分散的、零星的、无计划的消费需求,经过整理变成有计划的规模的分类需求,并且加以分类做成订单,提供给供应商,供应商按照分类需求供货,通过物流送到消费者手中。这可以使整个交易过程变得高效、便捷,同时又提供了一个巨大的利润空间。其次,在商品交易过程完成之后,商家根据消费资本论,把消费者的购买行为视为一种储蓄行为、一种投资行为,按照一定的时间间隔把企业利润的一部分返给消费者。至此,商家完成了产品流(产品销售)和价值流(利润分配)的全部过程,也即完成了建立在消费资本论基础上的创新商业模式的全过程。

新商业模式是一个崭新的合作平台,是一个深层次的紧密的利益共同体。新商业模式在其实际运作过程中,将形成一个长期的、深层次合作的,甚至是互为股东、利润共享的、紧密型的利益共同体。企业在这一利益共同体中发挥核心作用,为各合作单位提供卓有成效的服务,给合作者带来显著的经济效益,同时也给本企业带来巨大的利润。

这种新的商业模式一方面消费者在购买商品的过程中有回报预期,从而深受广大消费者的欢迎;另一方面又由于把大批规模订单交给供应商,使供应商扩大了市场,从而深受广大供应商的欢迎。不仅如此,由于产品是由供应商直接供给消费者,没有通过中间商和销售代理等中间环节,从而使供应商有很大的利润空间。它一改以往旧商业模式的诸多弊端,更加方便、快捷,效率更高地为消费者服务。它从根本上改变了漠视消费者利益的旧的商业模式,而开启了消费者参与企业利润分配的新模式。

综上所述,建立在消费资本论基础上的新商业模式,将在新形势下使中国企业实现经济发展方式转型和升级,形成企业新的核心竞争力,使企业在激烈的市场竞争中胜出。同时企业作为市场驱动内需的载体将为我国最终需求总量

# 消费养老创新模式
>>> ——一种新型全民养老保险模式

的提升以及为我国宏观经济发展和稳步回升作出重大贡献。

消费资本犹如一只无形的大手，无时无刻不在影响着市场经济的发展，她将引导人们寻找到新的经济增长和新的经济发展方式。消费资本主导世界经济发展的时代已经到来！

三、分享经济、消费资本论与消费养老、消费者权益保护

中国法学会消费者权益保护法学研究会在法律界率先研讨分享经济，并积极研究陈瑜教授的《消费资本论》，推动消费养老、消费者权益保护。

2016年9月13日，中国法学会消法研究会联合中央财经大学法学院召开分享经济与消费维权法律问题研讨会，这是我国法律界首次探讨分享经济的会议。

2017年8月12日，中国法学会消法研究会联合云南省消费者协会在云南昆明举办第二届中国3·15互联网消费论坛，研讨分享经济与法律。

中国法学会消法研究会将陈瑜教授的《消费资本论和创新商业模式》作为《通字（2017）14号》简报下发，供会员研究。中国法学会消法学研究会2017年年会为"我国新时代社会主要矛盾与消费者权益保护法律论坛"，会上，陈瑜教授作了以《消费资本论和创新商业模式》为题的发言。

在分享经济下，陈瑜教授的消费资本化理论可以在诸多方面应用，许多人在探索，有成功的也有教训，不能把人们的探索都一棍子当成"传销"打。

陈瑜教授的《消费资本论》适用面广泛，近两年，消费资本论在消费养老领域引人注目。这其中，四川省汶川地震灾区重建基金会首先创办了华彩电子商务平台的消费养老模式。四川省汶川地震灾区重建基金会，是因"5·12汶川大地震"而经四川省人民政府批准成立，由四川省人民政府参事室直接主管的基金会。重点以关注灾区建设、打造灾区"造血功能"为己任，多次在抗震救灾和灾后重建中发挥积极作用。2015年以来，积极参与扶贫攻坚，大胆探索精准扶贫路子，充分调动社会力量参与扶贫开发，取得显著成效。2016年年初，"互联网+"消费养老模式正式落地四川。华彩电子商务平台的"普惠消费养老创新模式"是陈瑜教授《消费资本论》在养老领域的应用，通过搭建开放式互联网电商平台，整合保险公司和第三方支付机构，把商家让利转

换成养老金进入在保险公司开设的消费者个人专属养老金账户,从而保证养老资金的安全性和个人权益的完整性。此举开辟出养老金新的渠道和源泉,完善了四川现行养老保险制度,对中国养老保险制度具有创新意义。

中国法学会消法研究会研究四川省汶川地震灾区重建基金会创办的搭建电商平台,探索"互联网+"消费养老模式。中国法学会消学研究会到四川泸州调研,探讨分享经济中的电商消费养老模式,编发了《互联网+积分宝消费养老惠民项目》简报。中国法学会消法学研究会2017年年会为"我国新时代社会主要矛盾与消费者权益保护法律论坛",会上,四川省汶川地震灾区重建基金会理事长邓文武介绍了《搭建电商平台,探索推广"互联网+"普惠消费养老模式》,会议深入地研讨了分享经济、消费资本论与消费养老、消费者权益保护法律问题。

目前,在分享经济下,又有陈瑜教授的《消费资本论》,内蒙古消费养老模式的探讨,亦引人注目。内蒙古自治区有关人士探讨的消费养老运营是由政府倡导,部门监督,内蒙古消费养老公共服务平台为支撑,在消费市场运行中通过消费者消费,企业商家返利,将返利转化为养老金,有别于政府社会保险体系下"基本养老保险"、"企(职)业年金"和"商业保险"的一种新型养老保险模式。消费养老金是伴随消费者的消费行为而产生的养老金,即消费者在消费后,由企业商家按照约定的返利以返还给消费者并转换为消费养老金,为消费者实现零成本积累养老金。

内蒙古自治区社会保险事业管理局研究的《内蒙古自治区消费养老管理办法(试行)(草案)》是一个探索。一个法律行为,可以先实施后立法;也可以先立法后实施。我国的仲裁,就是先立法后实施的,先是制定《中华人民共和国仲裁法》,再设立仲裁机构,开展商事仲裁。内蒙古自治区的社会养老保险、新型消费养老创新模式若有规范文件,会为内蒙古自治区消费养老模式的运营提供有力的保障。

2019年1月,中国法学会消费者权益保护法学研究会召开"内蒙古自治区消费养老管理办法(试行)(草案)"研讨会,为探讨消费养老献计献策。

让我们积极探索研究分享经济、消费资本论与消费养老、消费者权益保护这一课题,以促进它的发展实施。

消费养老创新模式

>>> ——一种新型全民养老保险模式

消费养老是应对老龄化挑战的创新模式

——在"2020第三届消费养老高峰论坛"上的讲话

(中国社会保险学会退管专委会主任 戴广义)

老龄化是世界各国共同面对的难题,各国的专家、政要都在探寻新的保障来源和资金渠道,以化解老龄化带来的社会压力;但遗憾的是迄今为止,多数国家的探索还局限于在传统保险体系内部挖掘潜力,修修补补,鲜有创新性突破,全球养老保险改革长期处于压抑、沉闷的局面。老龄化如何破题?出路在何方?我国经济学家陈瑜教授提出了"消费养老保险"的创新模式,无疑为破解老龄化这一世界性难题找到了一条新的渠道,使得养老保险改革峰回路转、柳暗花明;也在由西方人创立并在世界各国普遍实行的"三支柱"保障模式上,提供了中国智慧和中国模式。

一、消费养老保险内容

消费养老保险是由政府引导、企业和消费者自愿参加、以消费返还为资金来源、以保障消费者老年生活为目的、运用保险机制实行积累型的养老保障模式,是社会养老保险的重要补充,是多层次养老保障体系的重要组成部分。消费养老保险来源于模式创新:传统的商业模式的基本特征是买卖双方货款两清,这一经济过程即已结束;消费养老保险认为,这一过程虽已结束,但另一个新的经济过程开始了:消费者购买厂家和商家的产品或服务后,其货款转到了厂家和商家的手中,进入了企业的下一个生产和经营过程,此货款即转化为资本,因此消费者理应参与企业利润分配,得到企业返还一定比例的利润作为收益,消费者即可将这部分收益转化为自己积攒的养老金。从消费资本所产生的利润中,提取个人养老所需的资金,将消费资本作为养老保障制度的重要的资金来源,从而打破了过去单纯依靠缴费作为养老保障支撑的局面,扩宽了资金来源渠道，找到了一条与个人消费挂钩、充满内生活力的养老保险模式，是全国城乡居民共同参与的全民养老、终生养老的保险机制创新。

二、实施消费养老保险的可行性

1. 政策舆论环境的利好：党和国家高度重视民生，多措并举促进社会公平正义，按照兜底线、织密网、建机制的要求，全面建成了覆盖全民、城乡统筹、权责清晰、保障适度、可持续的多层次社会保障体系；近年来国家加大社保基金投入、连续15年提高退休待遇，并在智慧养老、普惠养老、医养结合方面密集出台了相关政策措施，这为消费养老保险创新模式的实施提供了良好的社会环境。

2. 厂家、商家普遍、主动、持续的促销活动，为开展消费养老提供了客观现实基础。进入新世纪后，世界经济发生了一个根本性的变化：由有史以来的"卖方市场"变为"买方市场"，突出特点是卖货难。为了黏住客户占领市场，诸多厂家商家纷纷采用打折、返利、返点、积分、会员制等名目繁多的促销方式且已常态化。这为开展消费养老提供了客观基础。政府通过积极引导和税收杠杆的调节，将各个厂家商家不规范的、零散的促销活动规范起来，测算出科学合理的返还数额，划转到为消费者设立的消费养老保险账户，用于消费者的养老保障。建立消费养老保险制度，满足了生产者经营者和消费者多方的需求：从厂家和商家来讲，有了一个科学的返还点数，可以避免恶性竞争，有利于持续稳定客户和占领市场份额；从消费者来讲，将在不同地区、不同行业的消费返利汇聚在一起，积少成多，若干年后可以积累一大笔可观的养老金。所以开展消费养老是利国利民，多方受益，恰逢其时，水到渠成。

3. 信息、互联网提供了技术支撑。消费养老的核心，是将消费者在不同时间、不同地点、不同商家的各种消费返利所得，集中汇集于消费者专有消费养老账户积累增值，待年老后用于养老保障。这一庞大计划涉及众多厂家、商家、服务单位和广大消费者，覆盖数万种不同的商品；如何使消费者线上线下原本分散的、无序的消费行为，被及时跟踪、记录、统计和统一管理，先进的互联网技术提供了技术支持。

三、消费养老创新模式的特点

1. 覆盖面广。现代社会不同于自给自足的农耕社会，人们须臾离不开货币交换，人人都需要消费，消费的普遍性特征决定了消费养老的全民性和保障的普遍性，这样无缝的全覆盖是任何养老保险制度所无法比拟和无法超越的。

2. 积累期长。目前开展的各种养老保险，一般是从参加工作有了工资性收入开始，到法定退休年龄结束，有相对固定的积累期；消费养老覆盖全生命周期，积累期大大长于其他养老保险。

3. 无须直接缴费。目前世界各国推行的各种养老保险都是以缴费为前提的。缴费不仅势必会增加企业和消费者负担，同时也会影响消费者的当期消费；而消费养老的资金积累来自消费返利，无须消费者、雇主直接缴费或国家财政拨款，且消费越多积累也越多，这在某种意义上讲还能刺激消费者的消费行为；消费养老的这一特性也是目前其他养老保险所不能比拟的。

四、开展消费养老创新模式的重大作用与意义

1. 减轻政府财政负担和养老资金压力。政府是公民养老保障责任的最终承担者。消费养老创新模式中养老金的来源，是从市场经济的角度出发，是企业和消费者之间利益共享的结果。消费养老保险作为一个调度社会总资本的武器，极大地拓宽了养老资金来源渠道，作为"三支柱"的重要补充，将极大地减轻政府在养老方面的财政负担和压力。

2. 提高广大民众养老保障水平。目前我国养老保障体系以第一支柱为基础，尽管连续15年提高待遇，目前全国城镇职工养老金平均水平在3000元上下，城乡居民养老金则水平更低，距离老年人养老需求还有不小的差距。开展消费养老保险是在原有保障基础上又多了一块养老金，可以有效提高老年人的保障水平。

3. 促进消费、扩大内需。我国是世界上最大的人口大国，蕴藏着巨大的消费潜力，然而消费不足、消费市场疲软一直是我国经济发展的一个薄弱环节，我国城乡居民储蓄近60万亿元就是一个很好的例证。近几年，党中央、国务院先后出台若干举措促进消费。消费养老保险将消费变成投资，将花钱变

赚钱，花得多，赚得多，就会拉动整个消费市场，从而促进和推动全社会经济的发展，进一步提高全体社会成员的收入水平和社会保障水平，必将会减少或降低预期消费的压力，进而释放出更多即期消费的能力。从这个意义上讲，"消费养老保险"无疑为扩大内需置入了一台高能量的发动机，必将会大大促进和拉动国内的消费市场，为我国经济发展注入新的动能。

五、实施全民消费养老需要全社会的共同努力

消费养老保险问世以来，在社会上引起了强烈反响，一些有识之士看到了商机，纷纷涉足这一领域。这么多人参与这一新生事物当然是好事，但我也有一些顾虑和担心。消费养老保险涉及数以千万计的厂家和商家，涉及全国数亿消费者，涉及数万种商品的消费返还归集和消费者个人账户几十年的积累，涉及数额庞大的基金监管与增值，是一个复杂浩繁的工程，特别是商家返利返多少？个人账户建在哪里？基金如何监管增值？解决这些问题，仅靠企业和社会力量是不够的，应该在政府的领导下，调动全社会的资源共同参与。

如何组织实施消费养老保险，陈瑜教授用了三个定语：

一是"政府主导的"。之所以首先强调政府主导，是由消费养老保险的特殊性质决定的。消费养老保险是我国养老保障体系的创新改革，不仅惠及全国亿万群众，而且涉及全国大部分生产厂家和商家，是我国养老保障体系建设的重要组成部分。政府的主导作用主要体现在以下几点：（1）必须将其定位为"社会公共政策和社会保障制度"，纳入国家社会保障总体规划；（2）做好顶层设计和科学规划；（3）统筹调度各方面的资源；（4）强化对基金的监管。我们希望各个地区企业积极试点试行。在试点过程中，各地应在当地政府的统一领导下，成立由人社、民政、财政、人民银行、保监会、商务、工商等部门组成的领导小组，制订科学严谨的实施方案，统一组织调动各种资源，妥善处理在试点过程中出现的各种矛盾和问题，精心组织实施，保证试点稳妥进行。

二是"专家指导的"。强调的是科学设计与规划，讲的是制度模式的科学性、可行性和可持久性。消费养老保险是一项重要的社会政策和保障制度，涉及面广、政策性强；高楼万丈平地起，夯实基础最重要，因而容不得丝毫的疏忽与失误。要制订科学严谨周密的实施方案，对不同商品及服务在兼顾各方利

消费养老创新模式
>>>——一种新型全民养老保险模式

益、有利于企业可持续发展的前提下精算出科学的返还比例；要搭建以互联网技术为支撑的高效的服务平台，公开透明，方便消费者查询；要通过招标选择公信力高、服务网络广的机构为消费养老保险个人账户管理人；政府要加强对消费养老保险资金的监督与管理，对个人账户资金的使用、给付做出具体规定。

三是"企业市场化运作的"。强调消费养老保险的实施主体是企业，要遵循市场经济规律。我始终认为，消费养老保险尽管要由企业家来经营运作，但其不是一般的项目、工程及业务，是养老保障体系建设的创新性的宏伟的社会工程；从事这项事业的企业家一定要有情怀、要有历史担当、要有社会责任感；要通过我们的努力，让广大消费者和众多厂商将积极参加消费养老保险变为自觉行动，在现有法律法规框架内，在国家政策所倡导的创新范围内，将这一利国利民的民生工程扎实稳步地开展起来。

我们强调企业家的社会责任，是不是说从事这项事业就只有付出没有回报、只有投入没有产出、只有社会效益没有经济效益呢？恰恰相反，从事消费养老商机无限，大有可为！

经济效益：13亿人的消费群体、4600万家企业的消费供给、源源不断且不断升级的消费需求、数十万亿元的消费额度、数亿人几十年累积的巨额基金，以及产生的海量的资金流、信息流、物流，其商机无限、前景光明。

结束语

我们已经进入了以"买方市场为主"的新时期，消费引领市场如滚滚洪流浩浩荡荡势不可挡，这是不可逆转的历史趋势。在新的经济形势面前，只有乘势而上、顺势而为才能成为勇立潮头的"弄潮儿"；抱残守缺、观望徘徊只能被历史潮流所抛弃。你们是幸运的，在多数人因突如其来的变化迷茫困惑而束手无策之时，你们及时地接触了消费资本理论和消费养老保险；我希望在消费养老保险领域看到更多你们的身影，我也相信你们一定会在消费养老保险创新舞台上脱颖而出，大有作为。

建立消费养老保险基金拓展第三支柱资金来源渠道

(中国社会保险学会养老保险专委会主任　周　红)

2018年2月,人社部、财政部会同国家发改委等部门启动了"建立第三支柱个人养老保险"的工作。2018年4月,人社部、财政部等五部委正式发布了《关于开展个人税收递延型商业养老保险试点的通知》。这个文件发布后,开始在上海市、福建省(含厦门市)和苏州工业园区三个地区进行试点工作。试点工作的启动,标志着第三支柱养老保险工作正式破冰,正式开始运作。

基于上述背景,2018年中国社会保险学会将《建立中国特色第三支柱个人养老金制度》作为重点课题进行研究,做这个课题的目的就是想赶在国家正式的文件和政策出台之前,能够给国家决策部门提供一整套的方案做参考。中国社会保险学会的胡晓义会长(原来在人社部长期分管社会保险工作的副部长),担任这个课题的顾问;中国人民大学的董克用教授(研究劳动经济、社会保障方面的著名专家)担任组长;课题成员还包括国家人社部的相关司局以及中国社保学会和中国人民大学、中国养老金融50人论坛,还有金融、保险和基金证券等机构。课题研究在人社部、财政部和国家发改委等相关部委的指导下顺利完成,并于2019年年初召开了有政府部门、金融保险机构、学界等人员参加的发布会,受到了社会各界的一致赞誉。大家一致认为《建立中国特色第三支柱个人养老金制度》的课题,比较准确地界定了我国第三支柱养老金的定义、属性特征,并论证了建立第三支柱个人养老金制度对完善国家多支柱养老保险体系的必要性。课题也总结了美国、德国和加拿大等国第三支柱的核心经验。我们的课题还做了关于建立第三支柱之后长期精算平衡的一个报告。课题研究也涉及财税的激励、平台如何建立、产品供应和经营策略等,为国家

消费养老创新模式
>>>——一种新型全民养老保险模式

制定政策提供了依据和参考。在有关专家的建议下,这个课题高质量地完成并取得了丰硕的成果。去年我们又委托董克用教授对扩展第三支柱养老金的来源渠道进行了深入研究,即在第三支柱课题研究的基础上又设立了"扩展第三支柱个人养老金资金来源渠道"的课题研究,也就是消费养老课题研究。

那么,为什么要做这样一个课题呢?主要是基于以下几点考虑:

一、中国目前的养老保险形势

经过40多年的改革开放,中国已经成为世界第二大经济体,国际地位和国际影响力不断攀升。经济总量和实力的不断壮大,为我国社会保障建设提供了坚实的物质基础。但是,我们仍处于并将长期处于社会主义的初级阶段,这是一个基本的判断。人口众多、人均国民生产总值不高、发展不平衡、不充分这些突出问题,尚没有得到解决。虽然我国经济总量排全球第二,但人均GDP水平并不高。2018年,美国人均GDP为6.28万美元,中国为9770美元,差距还是比较大的。随着人口老龄化的不断加剧、抚养比逐渐走低,我国养老保险将长期面临巨大的支付压力。因此,我们决定在第三支柱课题基础上再做一个"扩展第三支柱以养老资金来源渠道"的课题,目的就是探索出一条利国利民、具有中国特色的个人养老金之路。

党的十九大报告提出要加强社会保障体系建设。按照兜底线、织密网、建机制的要求,全面建成覆盖全民、城乡统筹、权责清晰、保障适度、可持续的多层次社会保障体系。这个目标还要经过不懈的努力才能实现,"多层次"和"可持续"这个要求还是比较高的。我国的养老保障制度的设计是"三支柱"模式。其中,第一支柱是基本养老保险,所有企业都要参加的、强制性的保险。目前,第一支柱覆盖了9亿多人。第二支柱是企业年金和职业年金,目前覆盖了6000多万人。第三支柱是个人储蓄性养老保险和商业养老保险。国家在1991年就提出,"要逐步建立起基本养老保险与企业补充养老保险和职工个人储蓄养老保险相结合的制度",明确了基本养老保险和补充养老保险相结合的养老金体系改革的方向,即建立"三支柱"的养老保险体系。目前,我国已经建立了第一支柱基本养老保险制度和第二支柱企业年金和职业年金即职业性年金制度,第三支柱个人养老金制度,目前国家正在进行顶层设计,政策还没有完全落地。

从我国老龄化发展的形势来看，21世纪50年代，我国将进入老龄化的峰值。2016年，我们做过一个社会保险的精算报告，报告预测显示：全国总人口结构老龄化趋势在不断加深，60岁以上人口占比将由2016年的12.65%上升到2055年的顶点达到36.15%，其中65岁以上就占约30%。

党的十九大报告提出，到21世纪中叶，要实现全面建成社会主义现代化强国的目标。建设社会主义现代化强国目标和老龄化的高峰点是完全重合的。那么，如何解决老龄化带来的养老金的支付压力、促进经济发展、实现强国目标是摆在我们面前的一项重大课题。

这里，我给大家报告一些数据。第一支柱也就是基本养老保险的规模，如果扣除财政补贴，只考虑当期缴费的收入和支出，其实从2014年就有了一定的缺口，到2016年缺口在逐步扩大。当然基本养老保险的政策是财政兜底的政策，现在每年会有6000多亿元的中央和各级财政的转移支付。虽然现在基本养老保险的累计结余将近6万亿元，再加上全国社保基金理事会战略储备基金有2万多亿，现在累计结余有8万多亿元。但是基金未来的支付压力还是比较大的，个别省份已经出现了当期收不抵支。所以，受快速老龄化的影响，加之我国多层次养老保险体系还不健全，未来养老金的支付压力还是很大的。2017年，国务院出台降低养老保险的缴费率和调整缴费基数的政策，养老金缴费率从20%、19%降到了16%，下降了3~4个百分点，据测算影响养老金的收入有4000多亿元。

再看看第二支柱。第二支柱的企业年金，它的资产规模积累不足、覆盖范围狭窄、发展结构不均衡。职业年金是面向机关事业单位职工的强制性补充保险计划。从长期来看，职业年金能够覆盖4000多万的机关事业人员，加上企业年金大概有2000多万人，覆盖范围也就6000多万人，仅占第一支柱基本养老保险覆盖人群的6%，覆盖面非常有限，未能形成对第一支柱的有效支撑。未来我们面对的将是"食之者众，生之者寡"，花钱的、享受待遇的人会越来越多，而资金来源越来越少。2015年的抚养比是2.88，也就是不到三个在职人员抚养一个老年人，今后，这个抚养比会越来越低。

二、扩展第三支柱养老金资金来源、建立消费养老基金的重要意义

为什么要做这个事情?因为建立消费养老基金,可以为养老保险可持续发展注入新的动能。

与其他国家相比,我国人口老龄化呈现以下几个核心特点:

第一个特点是发展速度最快。我国从20世纪末就进入了老龄化社会,到现在老龄化逐步加深,真的是未富先老。未来一段时间,老龄化程度会越来越加重。

第二个特点是人口规模最大。可以想象没有哪个国家老年人的基数可以达到2亿多。

第三个特点是持续时间最长。预计到2050年,老年人口才达到峰值进入拐点,这期间还有几十年,人口老龄化一直在加深。

第四个特点是应对任务最重。可以说老龄化将成为21世纪面临的最大国情之一,事关社会经济发展和国家的长治久安,具有全局性、长期性、战略性特征。

2019年11月,《国家积极应对人口老龄化中长期规划》发布,这个规划提出了到21世纪中叶,我国应对人口老龄化的五大重要任务。国家非常重视老龄化问题,可以说已经将积极应对人口老龄化上升为国家战略。人口老龄化和国家经济进入新常态,必然带来第一支柱和第二支柱资金来源的萎缩,虽然国家采取了相应的措施,比如说划拨国有资产充实社保基金,这个已经开始运作;投资运营保值增值,积极加大中央财政对地方的转移支付。但是,如果保持现有的养老制度不变,我国的养老保险体系将面临巨大的风险和负担。还有随着科技进步和人们生活水平提高带来的长寿风险,也是一个不容忽视的问题。现代医学不断进步,科技成果日新月异。医学的发展使很多不治之症得以医治,人们寿命的延长已经成为不争的事实。而长寿风险给我们的基金支付带来很大的压力。

在这种情况下,我们能否突破现有制度(目前消费养老还没有纳入制度体系)?能不能通过现有制度的进步,为养老保险制度的发展注入新的动力和

附录二
部分专家关于消费养老的演讲和报告

能量？

消费养老模式是理论和实践相结合的创新，而建立消费养老基金作为养老保险新的资金来源，其意义不亚于又创立了一种新的养老保险模式。正如陈瑜教授所说，消费养老创新模式可以由政府倡导、企业和个人自愿参加，通过市场化运作，把消费获得的消费资本转化为养老金。消费者通过这个模式，可以为自己今后积攒一笔可观的养老金。应该说消费养老创新模式，开启了养老金来源的新渠道，这个是一个非常有意义的事情。我觉得为这个付出是非常值得的。

根据国家统计局最新公布的数据，初步统计2019年消费品零售总额达到了41.8万亿元，2018年是38万亿元。这个数量相当可观，如果将来第三支柱能够像美国个人养老金计划一样占到整个养老金的30%，那么消费养老占比的贡献是会很大的。

此外，消费养老目前还是一个理论创新，没有一套经过实践检验的科学的运行模式，虽然现在有很多企业在做这个事情，但是到底什么样的模式才是科学、安全、规范和有效的，还没有一套完整的模式。现在市场上有企业在实践，但负面影响也还是有的。

怎么办呢？正如前面我所讲的，我们这些关心和关注养老保险的理论工作者、专家学者和社保工作者以及企业家和社会组织，已经意识到建立消费养老金到了刻不容缓的时候，也有越来越多的人认识到它的重要意义。现在正值国家进行养老保险第三支柱顶层设计的关键时期，如果不把建立消费养老基金纳入整体设计中，将会错过大好机会。我们也提出了一系列如何纳入，怎么纳入的建议。因此，我们也希望能够借助中国社会保险学会这个平台，把消费养老的法理基础、运行现状和模式、资金性质、经验等问题梳理清楚，然后再提出建立在第三支柱基础上的消费养老的实施路径和监管体系。最终目的是推动我国建立消费养老保险制度，使之能够成为国家的政策。因此，我们做这个课题就是争取赶上国家顶层设计多层次养老保险体系这趟班车，力争在国家顶层设计中纳入通盘考虑。让我们共同努力，推动建立消费养老制度，为国为民贡献我们的智慧。

消费养老创新模式
>>> ——一种新型全民养老保险模式

关于消费养老创新模式的四点体会

——在"2018首届消费养老创新模式高峰论坛"上的讲话

(清华大学教授、著名保险专家 杨燕绥)

关于消费养老创新模式，我有四点体会。

第一，中国的确是世界老龄化速度最快的国家。美国从进入老龄社会到深度老龄社会，用了65年。中国从进入老龄社会到深度、到超级老龄社会，不超过40年。也就是说中国在一代人里，就从一个年轻的社会到了超级老龄的社会，人口节奏变化非常大。所以，今天中国不是世界上最老的国家，但却是老龄化速度最快的国家。在这种背景下，我们还没有完成农业现代化、工业现代化和城镇化，还有很多遗留的问题，"未富先老"还很严重。因此，中国需要我们自己的智慧、我们自己的理论，来突破我们现在面临的问题。陈瑜老师的研究，找到了一个突破点。

第二，人口老龄化并不是社会的老化，而是经济和社会进步的一个结果。这个结果也显示出人们比过去更加健康长寿。人们在吃饱饭、穿暖、住好、有交通之后，开始为了健康长寿而投资。我们有很多的数据在显示，人们为医疗、护理、康复支出的比例占GDP的比例在不断上升。在这个过程中，我们说市场经济类型已经由卖方市场进入买方市场，消费也成为拉动经济的主要引擎。

陈瑜老师的研究，从这样一个与时俱进的理论出发，应该说它是在企业贷款和订单之间的一个时间差，这个时间差是有价值的。在卖方市场的情况下，企业首先是找贷款，企业有了贷款、有了产品，是不愁卖不出去，这是卖方市场。一旦进入买方市场，企业首先找的是订单，他们有了订单才敢去找贷款，这样订单和贷款之间的时间差是有价值的。这个转变作为企业其实是慢慢体会到了。在这个过程中，就需要这样一种方便的方式，有比较稳定的客户群体来解决订单问题。这里面就大大解决了企业的成本，就等于增加了企业的价值。所以，陈瑜老师抓住这一点，研究消费资本，又拓展出消费养老模式。

第三，现在的养老金是"三支柱"，第一个支柱来自政府，第二个支柱来自企业，第三个是来自个人。这三个主体现在都面临着挑战。来自政府的养老金，随着人口节奏的变化，交钱的人少了，花钱的人多了，全世界政府养老金的替代率都在下降。来自企业雇主的养老金，其实是在企业规模发展的时候是黄金时代，但现在在智能化下和竞争激励以后，企业来做企业年金的越来越少。所以，企业年金的黄金发展时期已经过去。中国在2004年开始搞企业年金，但是十几年来，其实企业年金没有真正发展起来。所以，中国现在又在大力发展个人养老金。

在这种情况下，前面也有人提到，说消费养老是第四支柱，我赞成这一点。消费养老的特点比较好，它不是要减少当前消费，来为将来养老积累。为了将来的养老，牺牲了现在的消费，也是不可以的。所以，很多国家和经济学家在讨论和研究，养老储蓄影响了多少消费，研究这个关系。而消费养老是先消费后养老，所以其实它就解决了当前消费和未来养老之间的矛盾。因为我们刚才说，它来自企业订单和贷款之间的差产生的价值，所以这样我们把它叫第四支柱，具有双面胶的效果。消费养老既拉动了消费，又促进了养老的积累，所以它的价值是两面体现出来的，这就是它的优越性。

第四，消费养老带动了企业和客户之间的关系，带来了新的的价值，而且最终它实现了个人养老金的积累，所以它应该是进个人账户的。现在刚刚开始，这么好的事情，我希望它能够做好，因为后面规模就大了。一开始规模小，这个事情好像还可以这样做，那样做，将来真的一旦做起来，按照总消费的百分比来积累，刚才有人说是5%那就很不得了。我们按照1%算过就很不得了了。所以，一旦真做起来，这个规模是巨大的。我想整个社会和老百姓都会非常关注的。因此，我还是希望它能够做成一个合格计划，因为它毕竟不是老百姓之间的一个非常随意和自由的计划，这个毕竟是由方方面面要介入。

鉴于此，我觉得它应该是逐渐走向一个有合格计划的特征。第一，税收应

消费养老创新模式
>>>——一种新型全民养老保险模式

该是有减免的，无论是企业和个人都是在税后做的这个事情。第二，还是要一边做一边宣传，这个钱是怎样产生的，又是怎样进了你的保险计划，保险又是怎样做的，这些东西还是要做一些宣传。我也知道市场上，消费养老用保险的模式做起来了。前些年银行以工商银行为代表，以信托的方式也做起来了。这两种方式都很好，要让老百姓知道，保险模式是怎样一个结果，信托模式又是怎样一个结果。一方面做好宣传，一方面促使我们的金融服务发展更上一个台阶，我想它就好上加好了。

"综合性公证养老"法律服务研究

(北京市中信公证处主任 王明亮)

为进一步贯彻落实党中央国务院关于积极应对人口老龄化、做好社会化养老服务的指示精神,2017年4月25日,中国社会保险学会、中国公证协会正式签署了战略合作协议,合作开展《"综合性公证养老服务"模式探讨及应用》课题研究,共同致力于构建全方位、综合化、多样性的公证养老法律服务体系。北京市中信公证处作为试点公证机构,充分发挥利用好公证的法律职能和作用,务实创新、稳中求进,积极探索公证为养老服务的新理念、新模式和新方法,促进推动完善中国社会养老服务体系。

一、"综合性公证养老"法律服务内涵

"综合性公证养老"法律服务是以防控社会风险、维护社会秩序为目标,以老年人财富有序传承为重点,坚持以社会需求为导向,针对老年人的不同需求设计个性化的公证法律服务方案,构建由公证机构主导、相关社会力量参与的全方位、综合化、多样性的公证养老法律服务体系,切实保障老年人的合法权益,让老年人安享晚年。主要包括以下内容:

1. 提供综合性、个性化的公证法律服务方案

以"家事法律顾问"方式针对老年人的不同需求设计个性化的公证法律服务方案,主要包括:(1)公证员代书,为老年人起草家庭日常法律文书;(2)养老,如确定监护人、选择养老机构、住房反向抵押养老、遗嘱信托养老、遗赠养老等;(3)老年人再婚,如夫妻婚前财产约定;(4)监护,如自主意定选择监护人;(5)财产传承,如遗嘱的设立、保管、执行和遗产分配、继承、代办事务等;(6)公益行为,如遗体捐赠、设立基金等;(7)家庭纠纷调解;(8)其他个性化公证法律服务。

2. 探索开展公益性公证法律服务

着力保障特殊困难老年人的公证法律服务需求，为贫困、高龄、空巢、失能等特殊困难老年群体提供法律咨询、公证办理、纠纷解决等公证法律援助，减免相关费用，切实维护特殊困难老年人的合法权益。

3. 探索设立专门的老年人资金托管账户

与银行、信托等金融机构合作，建立以公证处为单位的养老资金托管账户，下设每个当事人的子账户，实现单独划转、结算和管理，设置组合密码，由公证机构在委托人的授权下，安全、合理地管理资产。

二、"综合性公证养老"法律服务优势

"综合性公证养老"法律服务具有以下独特优势：

1. 以公证效力为依托

公证的证明效力和法律行为成立要件在综合性法律服务方案的设计中至关重要。比如公证遗嘱对于老人立遗嘱的意思表示的证明效力最高，继承公证是房产过户的重要依据；公证机构还是法定的提存和保管机构，可以为老年人的晚年生活和身后财产安排提供有效的保障。

2. 以满足多样化养老需求为根本

养老服务的对象是不同年龄、不同职业、不同家庭情况和经济状况的老年人，不能简单运用单一的、标准化的操作模式。"综合性公证养老"模式的运行要摒弃批量化的办证模式，综合运用多种法律手段，构建满足不同养老需求的公证业务模式。

3. 以综合服务、聚合资源为手段

公证机构凭借其公益性事业单位性质和极强的公共服务能力的优势，可以与相关部门建立良好的协调沟通机制，帮助老年人解决各类问题，形成联动效应，解决养老难题。

4. 以资金安全和有效使用为保障

"综合性公证养老"体系中，公证机构设立专门的老年人资金托管账户，通过老年人与公证机构签订资金保管协议的方式，管理老年人财产。既保障养老资金的安全，也可帮助老年人进行安全性高、风险小的理财活动，并对去世

后剩余财产做出处理。

三、"综合性公证养老"法律服务依据

近年来,国家密切出台养老相关政策规定,从政府购买服务、社会资本进入、金融政策支持、税费优惠等方面提供了配套扶持政策,为综合性公证养老实践探索提供了政策、法律方面的支持。

《中华人民共和国老年人权益保障法》是中国第一部保护老年人合法权益和发展老龄事业相结合的专门法律。2017年颁布的《中华人民共和国民法总则》对监护问题首次进行了专章规定,确立了最有利于被监护人原则,是我国民事立法的一个重大突破和创新。上述两部法律以及《中华人民共和国婚姻法》《中华人民共和国继承法》有关规定,成为该业务模式的上位法依据。2020年5月,《中华人民共和国民法典》颁布,自2021年1月1日起施行。

四、"综合性公证养老"法律服务模式

自试点工作开展以来,公证机构在传统公证事项的基础上,综合运用各种公证手段,聚合资源,逐步完善,创设出具有一定的普遍性、相对固定的业务模式。

1. 遗嘱订立保管执行模式

遗嘱订立保管执行模式在对当事人遗嘱进行依法公证的基础上,将公证法律服务内涵从单纯的意思表示固定拓展到遗嘱执行和继承人的权利实现,为当事人提供遗嘱订立、遗嘱保管、继承办理、房产过户等一站式服务,从而最大限度地减少遗嘱执行的不确定因素,使当事人的遗愿得以充分实现,从而避免家庭纠纷,促进了家庭财富的有序传承。

2. 意定监护业务模式

意定监护是与法定监护相对应的成年人监护制度,又称为成年人任意监护制度,是指"对于现在有判断能力的人,为了对将来判断能力的低下有所准备,使其能够通过契约自己决定补足该情形之能力的制度",[①] 是在自己意识

---

① 陈华彬:《民法总论》,中国法制出版社2011年版,第260页。

消费养老创新模式
>>>——一种新型全民养老保险模式

清醒之时妥善安排好将来在自己失智、失能之后的人身、财产、医疗救护、养老等方面的事务。意定监护业务模式是以意定监护协议公证和监护确权公证书为核心，包含监护人选定、监护备案登记、监护权行使监督等在内的综合法律服务体系。

3. 遗嘱信托业务模式

遗嘱信托业务是遗嘱和信托制度的结合。立遗嘱人在做出财产安排时，常常会遇到如下困惑：受益人为尚未出生的亲属；遗嘱受益人为多名亲属，且存在先后享有遗产的顺序安排；希望财产全部留给受益人，但担心受益人肆意挥霍；受益人未成年或是精神病人，无法自由管控遗产等。单纯的遗嘱公证不能解决此类问题，必须要借助信托模式。遗嘱信托指遗嘱人（委托人）预先以立遗嘱方式将其财产安排，包括交付信托后财产如何管理、分配、使用等，详细写于遗嘱中，建立委托人、受托人和受益人之间的信托关系，由受托人在委托人去世后以信托方式管理和处分财产的过程。基于遗嘱的特点，遗嘱信托在委托人死亡后契约才生效。

4. 老年人财产托管业务模式

近年来，随着经济好转、房价高涨，一些老年人的存款、房产价值不菲，老年人处于养老需求进行投资理财而被骗的新闻不时出现。设立专门的老年人资金托管账户是"综合性公证养老"法律服务的重要内容。

基本做法是：公证机构与银行等金融机构合作，在金融机构设立老年人资金托管账户，账户采用银行托管方式，与金融机构自身资产隔离，保障资金运作安全性。公证机构资金托管业务具有如下特点：

——保值增值，每日为老年人结算收益，免收利息所得税。

——随取随用，老年人可以随时取款，第二天即可到账，满足老年人的用款需求。

——指定分配，可与遗嘱公证、监护公证等结合，按照个人意愿进行老年人身后财富管理和传承分配。

——意定支付，通过公证机构签署意定支付协议，在本人或意定监护人授权或同意的情况下进行支付服务，主要包括：向养老院、医护机构支付本人或他人医养费用；向被赡养人、配偶、子女或其他指定人群支付费用；向被指定机构以捐赠或其他形式支付费用等。

公证机构财产托管业务不同于金融机构的各类金融产品，并不以理财和收益为主要目的，而是为老年人养老提供比较稳定和持久的资金保障，包括老年人身后信托事项的办理。因此，财产托管业务往往是其他公证养老业务的辅助手段，前面所述的意定监护、遗嘱信托等业务模式也需要财产托管予以保障和实现，多种手段结合方能设计出符合老年人需求的解决方案，这也是"综合性公证养老"法律服务的应有之义。

5. 消费养老业务模式

消费养老是一种新型的养老模式，是有别于社保体系下"政府基本保障金"、"企业年金"和"商业保险"的第四种养老金获取方式。"消费养老金"是伴随消费者的消费行为而产生的养老金，即消费者在消费后，由商家以现金、实物或积分的形式对消费者进行返利，依约定转换为消费者个人的养老金权益，最终为消费者实现零成本积累养老金。"消费养老业务"是综合性公证养老业务的组成部分，也是第三支柱建设的有益尝试。[①]

消费增值服务指消费积分、消费返利、消费奖励等消费附加值形式实现个人消费养老金累积。CCPP 管理方式由委托、受托、存管、账管、投管五方联合构成。计划中，消费者和商家之间的业务运营和风险各自自行承担，公证处、银行、账管人仅对结算给消费者的消费养老金（消费者消费后转化所得的累积养老金）负责，对其他资金不负任何责任，待消费养老金结算到消费养老账户后，公证处、银行、账管人各方才开始担责。正常情况下，男满 60 周岁，女满 55 周岁一次性领取消费养老金（含保值增值部分）。

五、"综合性公证养老"法律服务的未来展望

综合性公证养老法律服务的发展方向应该是以公证法律服务为核心，通过资源整合、平台搭建、服务延伸，为当事人提供包括身前、身后事务处理在内

[①] 1994 年 10 月，世界银行在《防止老龄危机——保护老年人及促进增长》的报告中首次提出了养老金"三支柱"模式："第一支柱"是政府向全体就业人员提供的公共养老金计划；"第二支柱"是私人和公共部门的雇主向雇员提供的一种辅助性补充养老计划（企业年金、职业年金）；"第三支柱"是个人储蓄养老金计划（商业养老保险等金融产品）。目前"三支柱"模式是国际上普遍采用的养老金制度模式，养老责任由政府、企业、个人三方共同承担。当前我国同样采用"三支柱"养老保障体系。

消费养老创新模式
>>>——一种新型全民养老保险模式

的全流程、全内容、全链条的服务，形成多层次的综合性公证养老法律服务产业体系，帮助老年人实现老有所养、终有所托的愿望。未来，对个人而言，成为以养老法律服务为核心的专门的家事法律顾问；对社会、国家而言，成为养老资源的整合平台。

在"综合化公证养老"体系中，公证不仅仅是参与其中的一个环节或部分，而是将养老的各个环节串联起来，打破碎片化和机构壁垒给养老带来的难题。公证行业同社会保险行业一道，联合政府部门、金融机构、公益社会组织以及各类市场主体，调动各方的积极性和优势，聚合资源，形成合力，建立起综合化养老服务平台，能够为老年人提供多元化、多方位的养老服务保障，能够使老年人安心养老、体面养老、智慧养老、幸福养老，对推动社会化养老模式实现突破性进展，有效解决人口老龄化背景下的社会化养老难题具有重要的意义。

消费养老的创新操作方式探讨

（中信银行　许　戈）

我国已快速进入老龄化社会。对政府来讲，预算压力、支付压力、经办压力逐年增长，保支付成为根本；对企业来讲，社保缴费比例相对过高，个别地区占比达到40%以上，降低企业对抗经济周期的能力；对个人来讲，第一支柱只能保基本，第二支柱覆盖率过低，实际维持退休生活质量不降低的是第三支柱。消费养老模式的出现，为第三支柱建设提供了一条可供尝试的道路。

一、消费养老模式的特点

商业促销中的激励手段有很多种，积分、返现、打折在线上、线下商品销售中已普遍存在，但是碎片化是共有特征。作为个人，很难将不同的商户激励权益转化为现金，实现长期积累。而消费养老是由政府引导、企业和消费者自愿参加、以消费返还为养老资金来源、以保障消费者老年生活为目的、运用保险机制实行积累型的养老保障模式，是社会养老保险的重要补充，是多层次养老保障体系的重要组成部分。通过市场化的运营机构参与，将碎片化的商户激励权益统一整合为现金返还形式，可以实现长期、有效积累。集约化后的商户激励，呈现如下特征：

1. 统一入口，统一结算

消费养老平台以电商形式出现，会整合线上商城资源（如京东、淘宝、拼多多、携程等），制定统一的消费返现规则。参保人登录消费养老平台消费，即可享受由消费养老平台提供的消费养老金积累。

消费养老平台以聚合支付形式出现，会整合线下服务提供商（如商场、超市、酒店、加油站等），通过聚合支付码统一结算路径，制定消费返现规则。参保人通过聚合码支付，即可享受由消费养老平台提供的养老金积累。

多数情况下，消费养老平台既是电商，也是聚合支付机构（或与聚合支付机构深度合作）。

2. 终身参保机制

第一支柱和第二支柱，均需工作后才可以参保，第三支柱是个人建立的养老金积累，理论上，出生既可以参保。父母可以为孩子建立消费养老金账户，将婴儿、儿童、青少年时期的消费统一折算养老金积累，计入个人消费养老金账户。退休后，参保人的消费依然存在，积累也在产生，可以定期领取。

3. 个人账户制实现继承

消费养老计划建立后，采取个人账户制，一般由独立的第三方记账机构提供账户记账服务，基金在个人账户实现完全积累。参保人生前如有未领取的个人消费养老金积累，可以指定或由有权继承人进行继承。

二、第三支柱个人消费养老规范管理计划的建立方式

（一）消费养老规范管理的必要性

1. 计划运营应在现有法规框架下运营

消费养老计划运营应在现有法规框架下合法合规运营。计划运营应避免消费养老公司独立运营的情况发生，要有计划运营监督机构参与。

2. 资产归属需要明确

参保人通过消费养老实现的个人养老金积累，属于个人远期归属权益，应通过个人账户实现完全积累。实际操作时，应避免和消费养老运营机构的资产混合，出现权益不清的情况。

3. 账户信息需要精准记录

消费养老计划的资金归集、清分、参保人信息都需要记录。消费养老运营机构的信息是单向的，不具有公允性质，由独立第三方记账机构提供账户信息记录，可以给社保经办机构、参保人以及计划运营参与方提供准确、公允的账户信息记录。

4. 增值运作要符合法规

消费养老基金实现积累后，投资运营应在监管机构授权下开展，或由参保人自愿指定投资产品，开展投资。

（二）消费养老计划的运营结构

通过必要性分析，我认为，消费养老模式在国家未公布管理办法的背景下，应通过多管理人模式实现规范管理。

1. 计划名称

根据人社部退管分会的指导精神，消费养老计划命名为第三支柱个人消费养老规范管理计划。

2. 计划管理人及职责

计划由登记人、委托人、代理人、受托人、账户管理人、托管人（或资金管理人）、投资管理人七方构成。

登记人负责计划的登记、变更、计划信息管理、查询服务，必要时向社保经办机构提供相应计划信息。登记人由社保经办机构或金融产品登记结算公司担任。

委托人即参保人，通过代理人委托受托人参加消费养老计划。

代理人即消费养老运营机构，负责与消费养老商户沟通，建立运营平台，接受委托人委托开展业务经营。

受托人承担计划的受托职责，接受委托人和代理人的委托，组织账户管理人、托管人（或资金管理人）、投资管理人开展计划运营。在现有监管体制下，受托人由社保经办机构担任，由信托公司发起信托计划担任或者由公证处通过司法提存业务担任受托人都可以尝试。

账户管理人是独立的第三方账户管理机构，接受受托人委托，开展计划和个人账户信息记录工作。账户管理人应独立于其他管理人单独存在。

托管人（或资金管理人）由商业银行担任，负责消费养老基金的管理工作。一般情况下，由国有商业银行担任。

投资管理人是监管机构或委托人指定的投资管理机构，负责消费养老基金的投资运营。

三、消费养老模式的发展预期

（一）资金归集规模测算

2018 年全国消费品零售总规模 38 万亿元，按照 1% 的消费养老金有效消费，5% 的养老金归集比例测算，一年的养老金归集规模可以达到 190 亿元。

2018 年全国网上交易规模突破 9 万亿元。如果按照 50% 消费养老有效消费，5% 的养老金归集比例测算，一年的养老金归集规模为 2250 亿元。

2018 年北京市国有企业职工平均收入 12.3 万元，民营企业职工平均收入 7.8 万元，按照中间数平均消费测算，人均消费 6 万元，个人养老金账户归集 3000 元，30 年人均积累下限可以达到 9 万元。

（二）消费养老模式发展分析

1. 已形成线下为主，线上辅助的积极生态

消费产生养老金，对于商户是良好的宣传手段。线下商户参与运营，付出有限成本，可以获得可观客流。目前的消费养老运营平台，已形成线下客户推广为主、线上辅助的运营模式。

2. 多种形式的消费养老模式不断涌现

随着经济的发展，各种形式的消费养老模式不断产生。线上线下商场消费产生养老金、教育消费产生养老金、大宗商品或个人固定资产投资产生养老金，通过现金方式实现养老金积累，通过等价物交换方式实现养老金兑换，都已经在市场出现，消费养老，已经在市场中逐步孕育，并且逐步发挥养老金积累的积极意义。

3. 监管措施要逐步跟上

随着消费养老模式的逐步推广，公证处、市场运营机构、银行等机构参与的积极性已逐步显现。消费养老计划的管理究竟由谁来负责，谁来决策，谁来监管，已经到了考虑的时候。部分机构配合政府，本着为社会、为参保人负责的态度，积极参与，在现有监管体系下推出了合规运营模式，但是规范化运营，是否会得到所有参与机构的认同，是否愿意按照规范化的模式运营，都是现阶段碰到的问题。政府应早参与，早规范，早建制度，为第三支柱建设指明道路，是消费养老模式进一步发展壮大的前提。

科学规范实施消费养老创新模式的"三大支撑"

(世研智库 李元元)

消费养老创新模式的实施，是从市场上各类消费主体日常的消费活动中产生消费养老金，作为个人养老金的一种补充。消费活动涉及不同的消费主体和消费场景，从消费活动到消费养老金的产生，再到养老金的托管和领取，整个过程是一个系统工程，这就需要经过科学的设计和规范的实施。尤其是企业在实施消费养老创新模式的过程中，更是需要科学设计和规范操作。

一、建立科学的支撑系统，保障消费养老金生成过程是科学的

消费养老创新模式是以消费资本论为理论依据。消费资本论是市场经济由卖方市场进入买方市场后提出的创新经济理论，它对消费者及其消费行为在市场经济发展中作用进行了深入的研究，从而深刻地揭示和阐述了消费对社会经济发展的重大作用和意义。根据消费资本论，消费养老创新模式从"消费"这一市场经济活动中，找到了养老金新的资金源头，使人们能够以"消费者"这一身份获得养老保障。

按照消费资本论的要求，消费者投入企业中的消费资本产生的利润，必须采用一系列科学的计算方法，包括应用数学模型和物理模型进行计算。企业利润的形成，受多种因素的影响，对其中的必然因素和偶然因素可以采用蒙特·卡罗数学模型进行对比分析和利用反馈理论来进行统计与计算。统计时要把诸多的参数、概率等制约因素（在数学中叫边界条件）考虑进去。从计量经济学的角度来量化消费资本，使其更加严谨、更加客观，达到公正和准确。通过数学模型或物理模型测算，得出消费者投资所产生的利润和在企业全部经营总利润中的比重，然后按照协议有关规定将消费资本利润返还给消费者。消费资

消费养老创新模式

>>>——一种新型全民养老保险模式

本利润的返还必须是在合理的分配区间内，必须是科学计算的结果。不可随意的夸大消费者利益分配权限或做出不符合实际的虚假承诺，这些会与消费资本论的观点背道而驰。

同样地，消费养老创新模式中，消费养老金的生成过程必须是科学的。即消费养老金的生成，要经过科学的计算来核定。商家对消费者的让利，本意是一种促销行为，但在一定程度上也是商家将企业利润的一定比例返还给了消费者，这是消费资本论在应用中的一种具体体现。在实际操作过程中，商家对消费者的让利，成为消费养老金的来源。让利比例空间，可参照国家统计局每年公布的第一产业、第二产业、第三产业的平均利润率，参照中国人民银行的活期存款利息，参照最高人民法院、最高人民检察院相关司法解释，以及企业实际运行情况予以确定。由于企业的利润不是直线上升的也不是直线下降的，它是围绕着平均利润率上下浮动的函数。因此必须计算出相应的调整系数。这样计算出的养老金生成比例才是符合实际的，才是科学的。

二、建立互联网支撑系统，保障消费养老金生成过程是规范的

在消费养老创新模式的实施过程中，还必须认识到，我们是处于互联网经济时代，是互联网技术全面影响经济发展的时期。消费养老创新模式的实施需要以先进的互联网和移动互联网技术作为支撑，搭建庞大的能够汇集各类商家、供应商和消费者的消费平台，能够及时跟踪和记录消费者的消费行为和消费信息，能够将消费者分散的、零星的消费过程中获得的消费养老金进行归集。

为此，在消费养老创新模式在实施之前，需要先制定一套标准化的管理流程。通过互联网技术将这套标准化的管理流程固定下来，从而实现消费养老金的生产过程是标准化、规范化的。消费养老公司以互联网技术为支撑，详细记录消费者的消费信息和按照统一标准生成的养老金信息，并按照约定的时间节点将消费养老金转到专业的养老金管理机构进行托管。消费者可以通过消费养老公司或者托管机构查询到自己的养老金详情信息，以保障消费者的知情权，同时也保障了消费养老金的生产过程是透明的、有据可查的，也是规范的。

在消费养老创新模式的推广过程中，可借助互联网和新媒体营销。新媒体

网络营销是基于互联网和移动互联网技术的营销方式，随着移动互联网技术的不断发展和网络技术环境的优化，各种新媒体和自媒体营销的影响力越来越大。新媒体营销的主要优势在于可以借助手机随时随地上网，可以利用人们碎片化的时间进行阅读获取信息。同时，新媒体具有更强的辐射面和交互性，它突破了传统媒体单向性传播的局限性，而是同媒体的接收方可以进行实时的交互沟通和联系。比如现在比较流行的公众号、短视频、直播等网络媒体，吸引了大批年轻的用户群体。这些年轻的用户群体也是消费养老创新模式的主要目标客户群体。因此，通过新媒体的传播渠道，可以使他们快速了解到这一创新模式和自身利益的相关性，并积极参与进来。

三、建立法律支撑系统，保障消费养老创新模式的实践是安全的

消费养老创新模式的实施过程，是通过一系列的法律法规指导，加以维持而实现的，是一个有序化、制度化和法律化的过程。

消费养老公司作为消费养老创新模式的运营主体，要建立起法律支撑系统，保证消费养老创新模式是在我国现行法律法规允许的范围内进行合理创新，保障养老金的运营和管理是合法的、安全的、可持续的，组织消费者参与消费养老创新模式的诸种经济行为都是在市场条件下的法律行为。

消费养老公司要加强自律，在制定企业发展战略和实际运营过程中，要能够遵守以下原则：

第一，要遵循民事法律、契约的有关规定进行。契约要受到各种限制，比如任何契约都不能违反法律，不能显失公平，不能损害他人和社会利益，不能破坏经济秩序和公共秩序，否则将被视为无效，甚至受到法律的制裁。

第二，坚持诚实和信用原则。在订约时，诚实守信；在订约后，重信用，自觉履约。消费资本论是以诚信信用的原则作为法律支撑的，诚实信用原则是消费资本论和消费养老创新模式的生命线。

第三，严格遵循政府制定的各项政策规定、条例和实施办法等。对于尚未明确法律界定的问题，企业要随时向当地主管部门请示和备案，取得当地主管部门的指导，并严格按照国家有关部门的指导意见进行实施。

消费资本论和消费养老创新模式的实施，将以我国法律、法规和各项政策

消费养老创新模式
>>>——一种新型全民养老保险模式

规定为基础,遵守国家和地方相关法律法规的有关规定,进行规范操作,充分保护消费者的合法权益,充分维护良好的社会经济秩序。

此外,作为消费者或者商家,如何判断企业实施的消费养老创新模式是否科学和规范呢,这里也简单地总结了几点建议。

第一,判断消费养老金托管是否规范。消费养老金归消费者所有,这部分资金应该由专业的养老金机构来托管,为消费者建立个人养老金账户,对养老金进行专业化管理,才能保证资金的安全性。

第二,判断消费养老平台上商品的价格是否合理。现在市场越来越透明,同类商品的价格在市场上很容易查询到,消费者可以通过类比同类商品的价格,判断企业给出的商品定价是否在合理区间内。

第三,判断养老金的生成比例是否科学。前面讲了养老金生成比例的计算方法,应该根据平均利润率在一个合理区间内上下浮动。养老金比例过高,就会存在一些潜在的风险。